STEP 2

손으로 생각하는 사고력 수학 시리즈

챌린지 CHALLENGE

성냥개비

몬스터매스 챌린지의 활용법

성냥개비를 활용하여 수학의 5대 영역(수와 연산, 도형, 측정, 자료와 가능성, 규칙성)의 내용을 골고루 학습합니다.

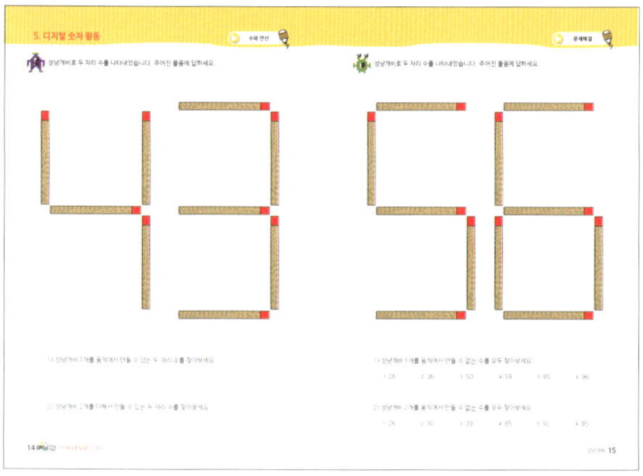

성냥개비와 관련된 스토리는 아이들에게 흥미를 이끌어내도록 합니다.

아이들의 흥미를 위해 성냥개비 놓기( ), 연필로 그려보기( ) 등 다양하게 활동하도록 합니다.

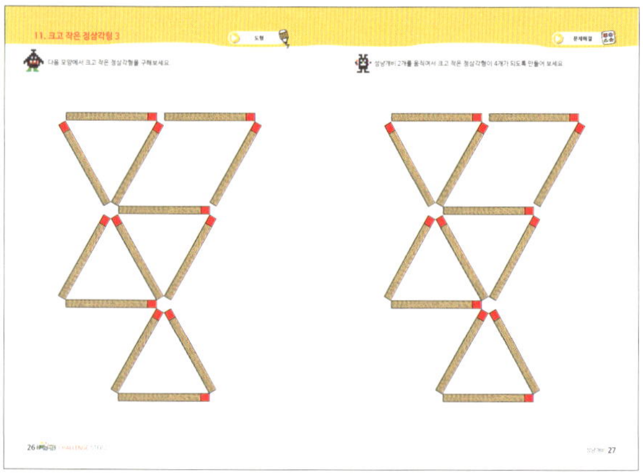

티칭 가이드를 통해 주제에 따른 학습 내용과 지도에 대한 팁을 활용합니다.

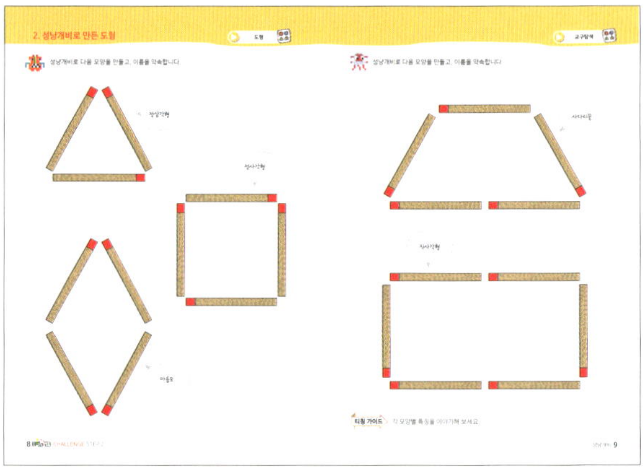

학습효과

1. 수학의 5대 영역에 대하여 폭넓게 익히고, 경험할 수 있습니다.
2. 특히 영재성의 기본인 공간지각력을 키우고, 공간 구조를 익힐 수 있습니다.
3. 어려운 문제를 해결해냄으로써 성취감을 높여줍니다.
4. 문제 해결을 위한 전략적인 사고는 생각하는 힘을 길러줍니다.

CONTENTS

너무 재미있겠다~
빨리 빨리
시작해요~

STORY

성냥개비 이야기

성냥은 불을 붙일 때 사용하는 도구예요.
우리 친구들은 생일 케이크 초에 불을 붙일 때, 본 적이 있을 거예요.
성냥은 아주 작고 가늘게 직사각형 모양으로 만든 후,
그 끝에 불이 잘 붙도록 약을 묻혀서 만든 도구입니다.

이런 성냥이 가득 들어있는 상자를 '성냥갑'이라 하고,
막대들을 '성냥개비'라고 하지요.

우리는 이 성냥개비 25개를 이용하여 여러 가지 활동들을 해 보려고 해요.

성냥개비로 여러 가지 모양을 만들고,
성냥개비를 움직여서 도형의 개수를 늘리거나 줄이기,
성냥개비를 더하거나 빼서 도형의 개수를 늘리거나 줄이기,
성냥개비를 옮겨서 방향 바꾸기,
디지털 숫자로 표현하기,
등식에 맞게 만들기,
도형 분할하기 등
성냥개비 활동을 통해서 손과 눈의 협응력을 기르며
소근육 발달, 집중력 향상 및 문제해결력을 기를 수 있습니다.

자!! 그럼 재미있는 성냥개비 퍼즐 문제
함께 풀어볼까요?

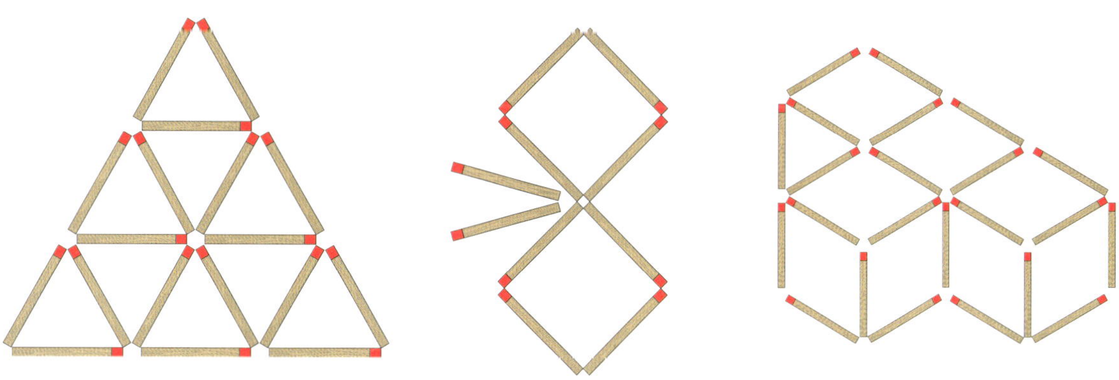

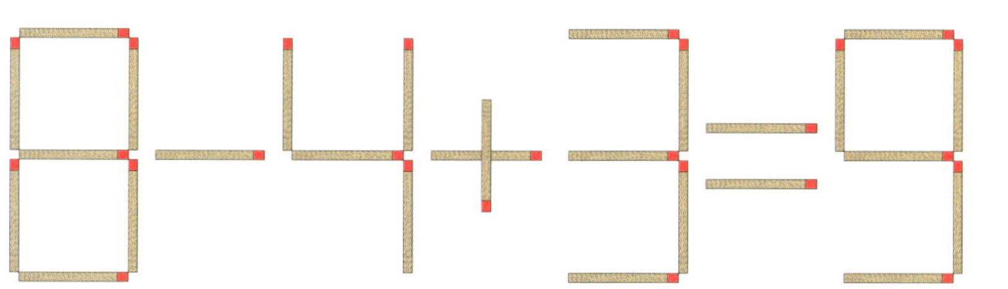

1. 모양 만들기

성냥개비로 다음 모양을 만들어 보세요.

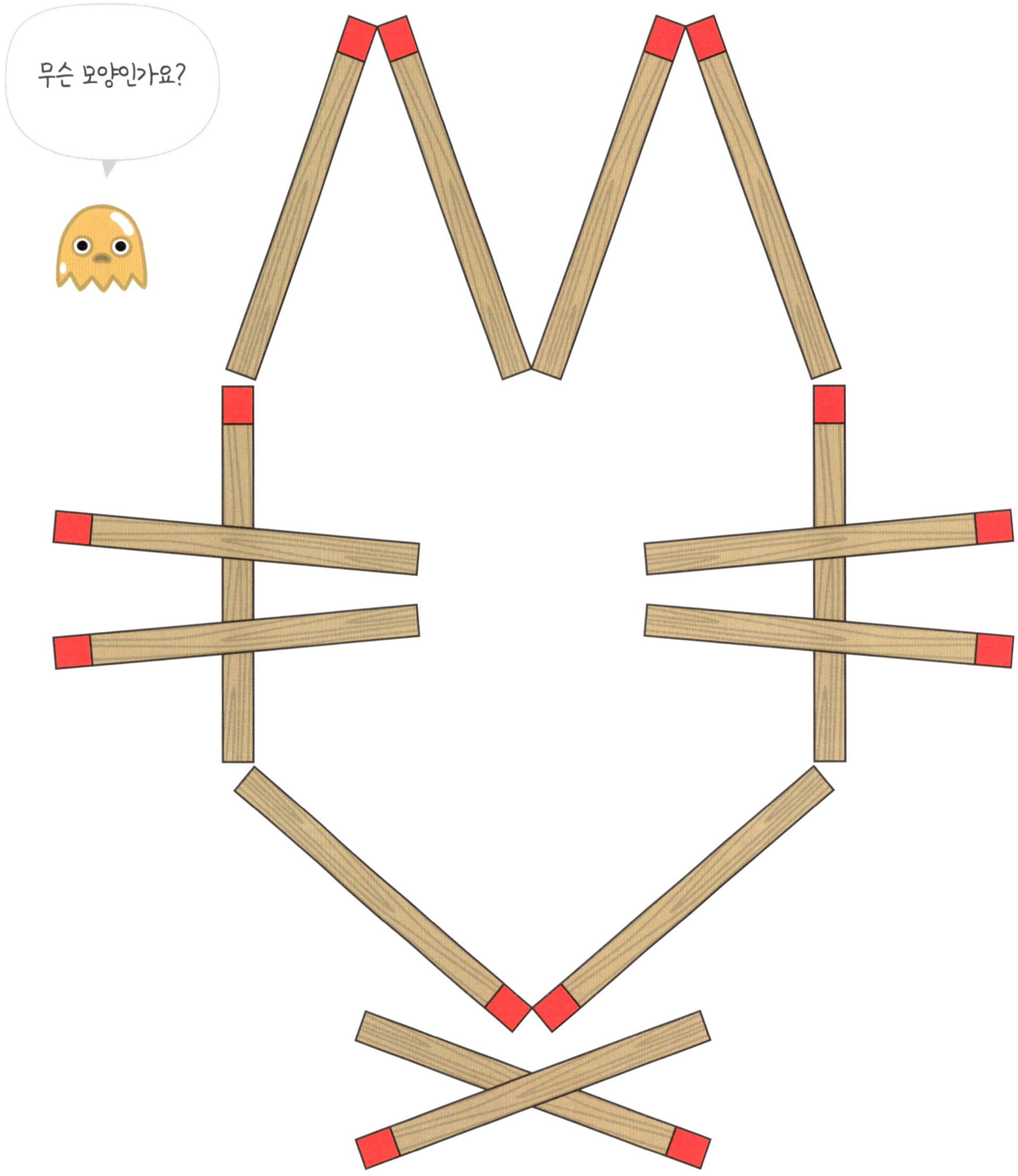

성냥개비로 다음 모양을 만들어 보세요.

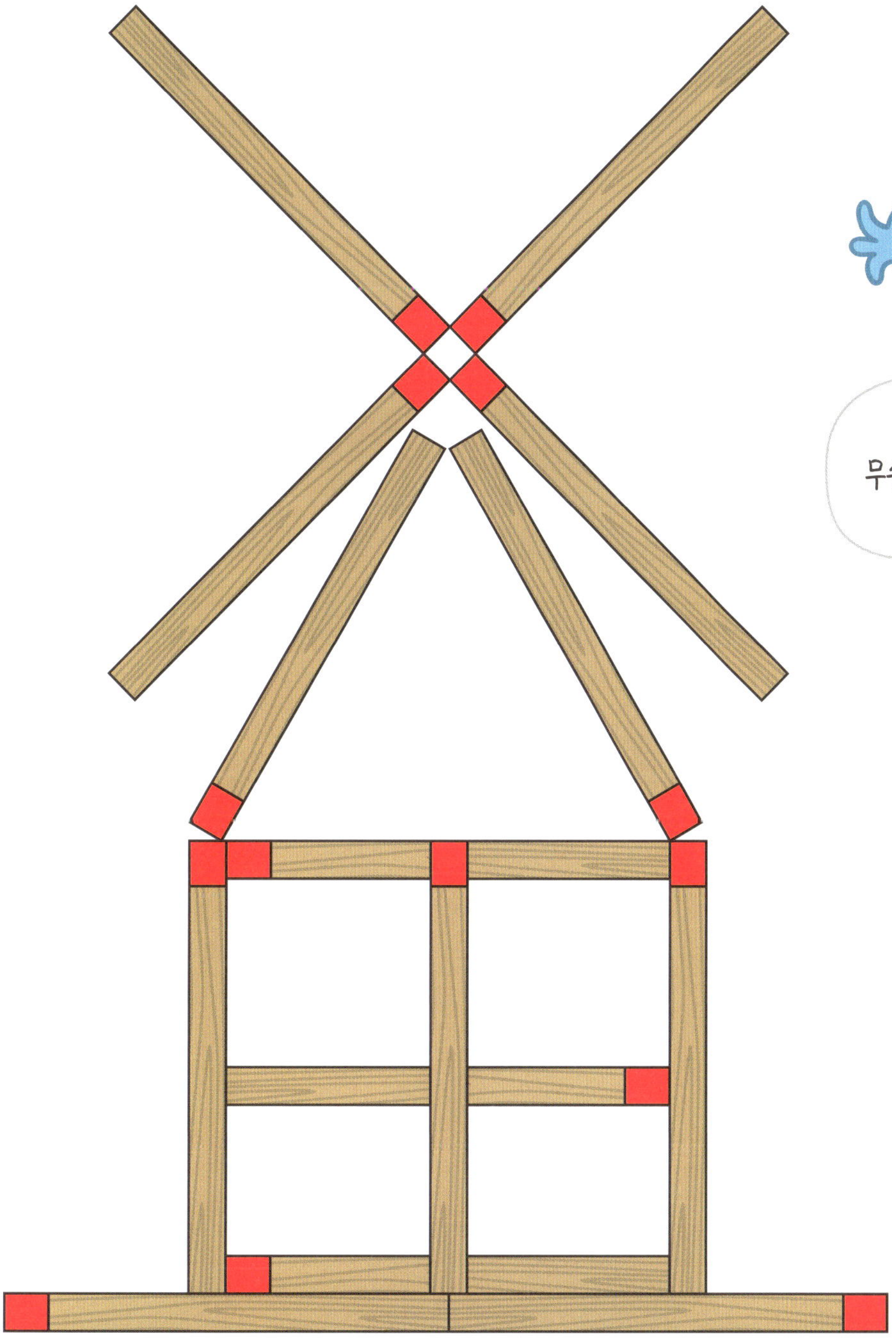

티칭 가이드 겹쳐놓은 부분에 유의하며 놓아봅니다.

2. 성냥개비로 만든 도형

성냥개비로 다음 모양을 만들고, 이름을 약속합니다.

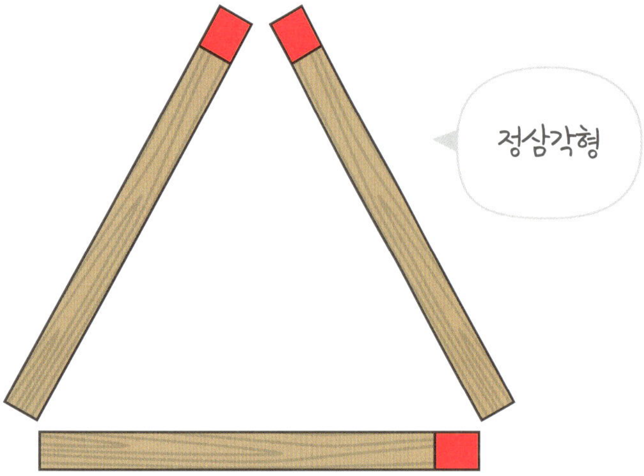

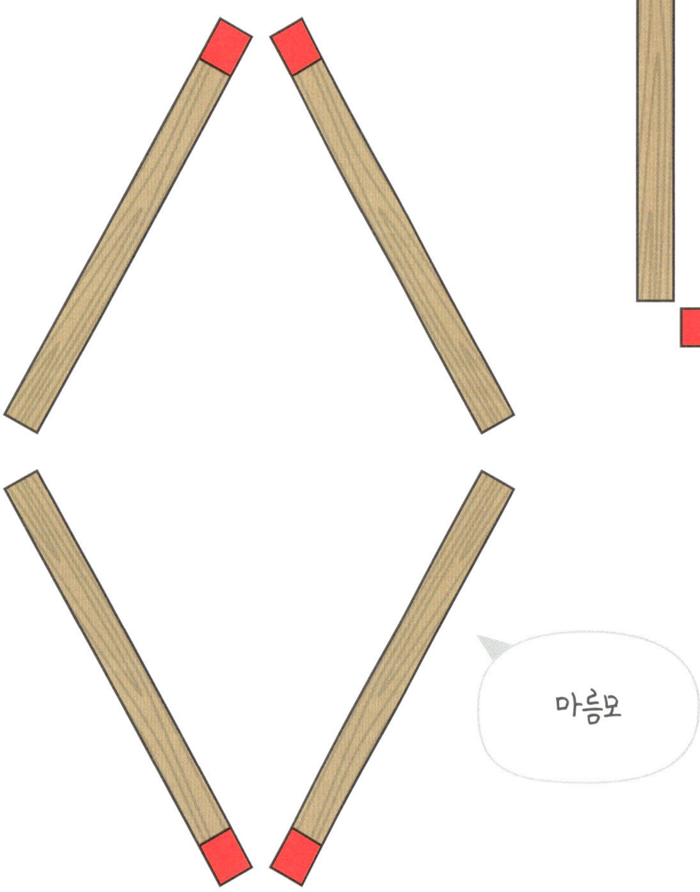

성냥개비로 다음 모양을 만들고, 이름을 약속합니다.

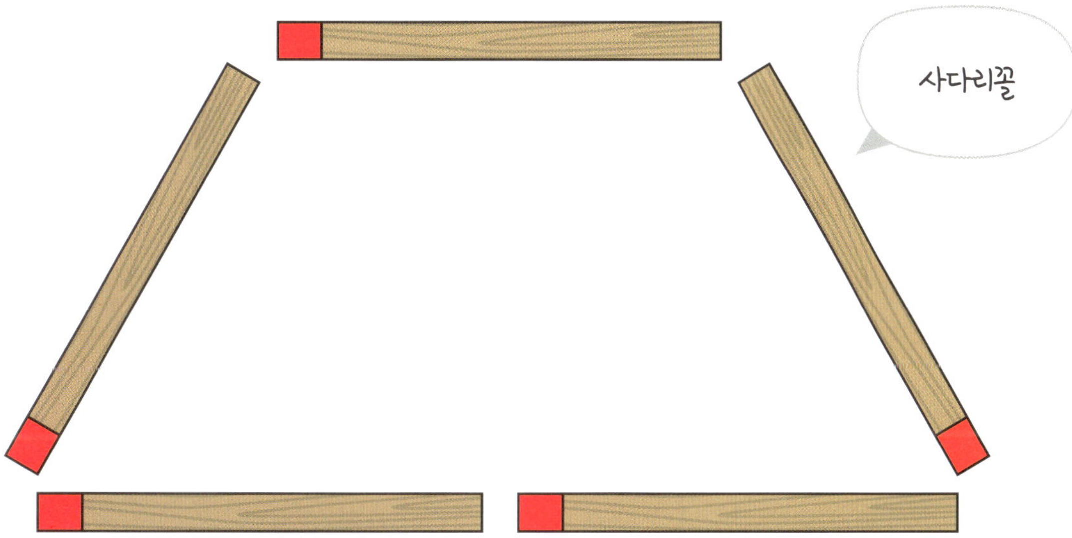

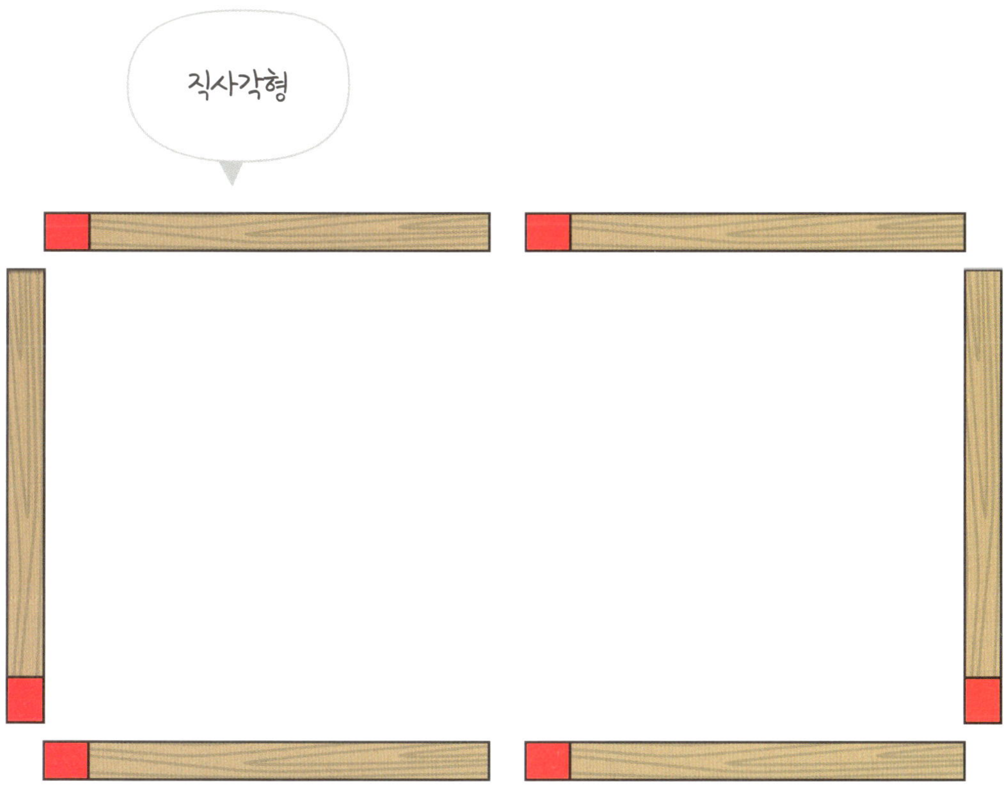

티칭 가이드 각 모양별 특징을 이야기해 보세요.

3. 방향 바꾸기

성냥개비 1개를 움직여서 당나귀가 왼쪽을 보도록 만들어 보세요.
이때, 방향은 바뀌어도 원래 당나귀 모양은 유지되어야 합니다.

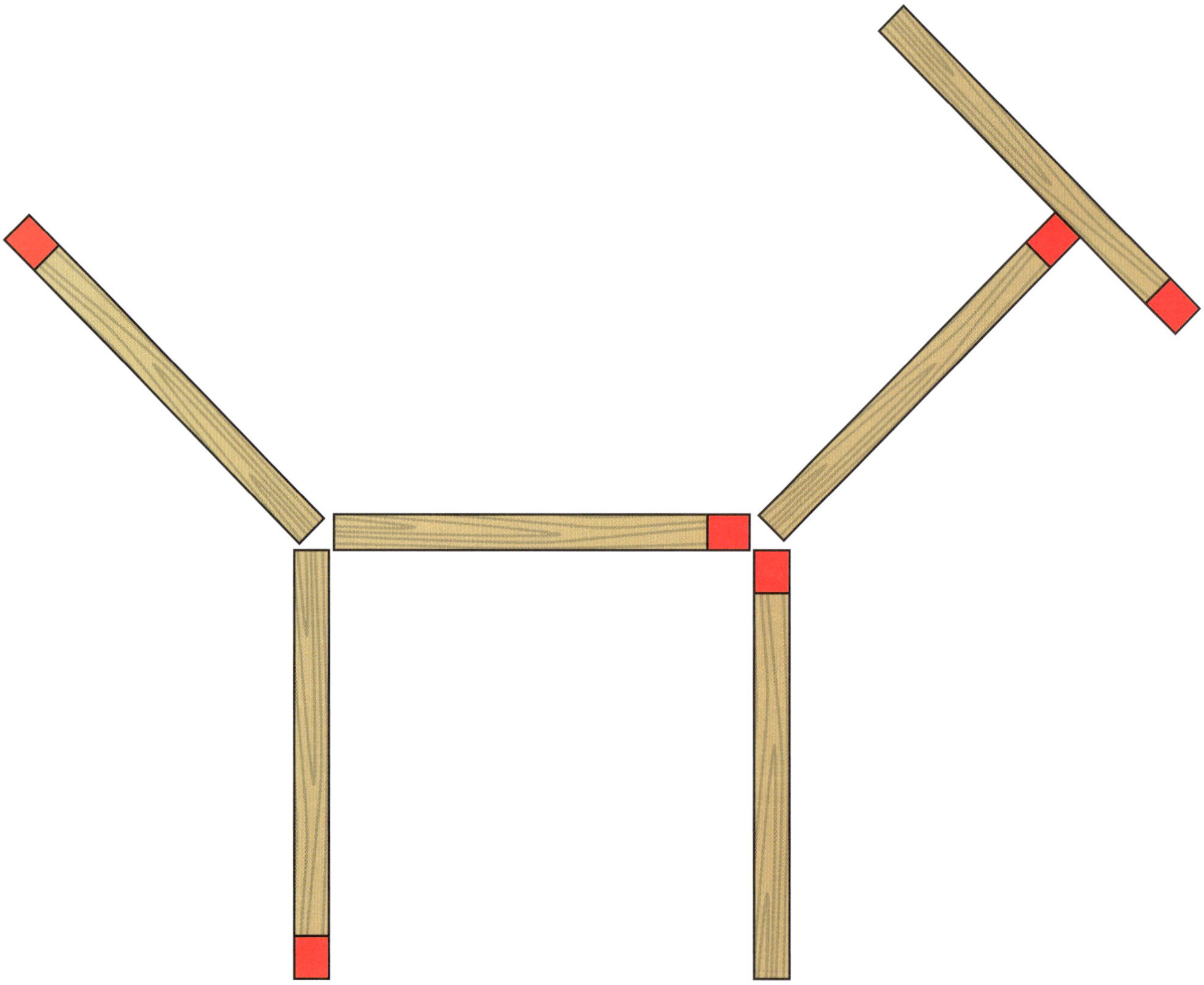

성냥개비 2개를 움직여서 방향을 바꾸어 보세요. 이때, 방향은 바뀌어도 원래 모양은 그대로 유지되어야 합니다.

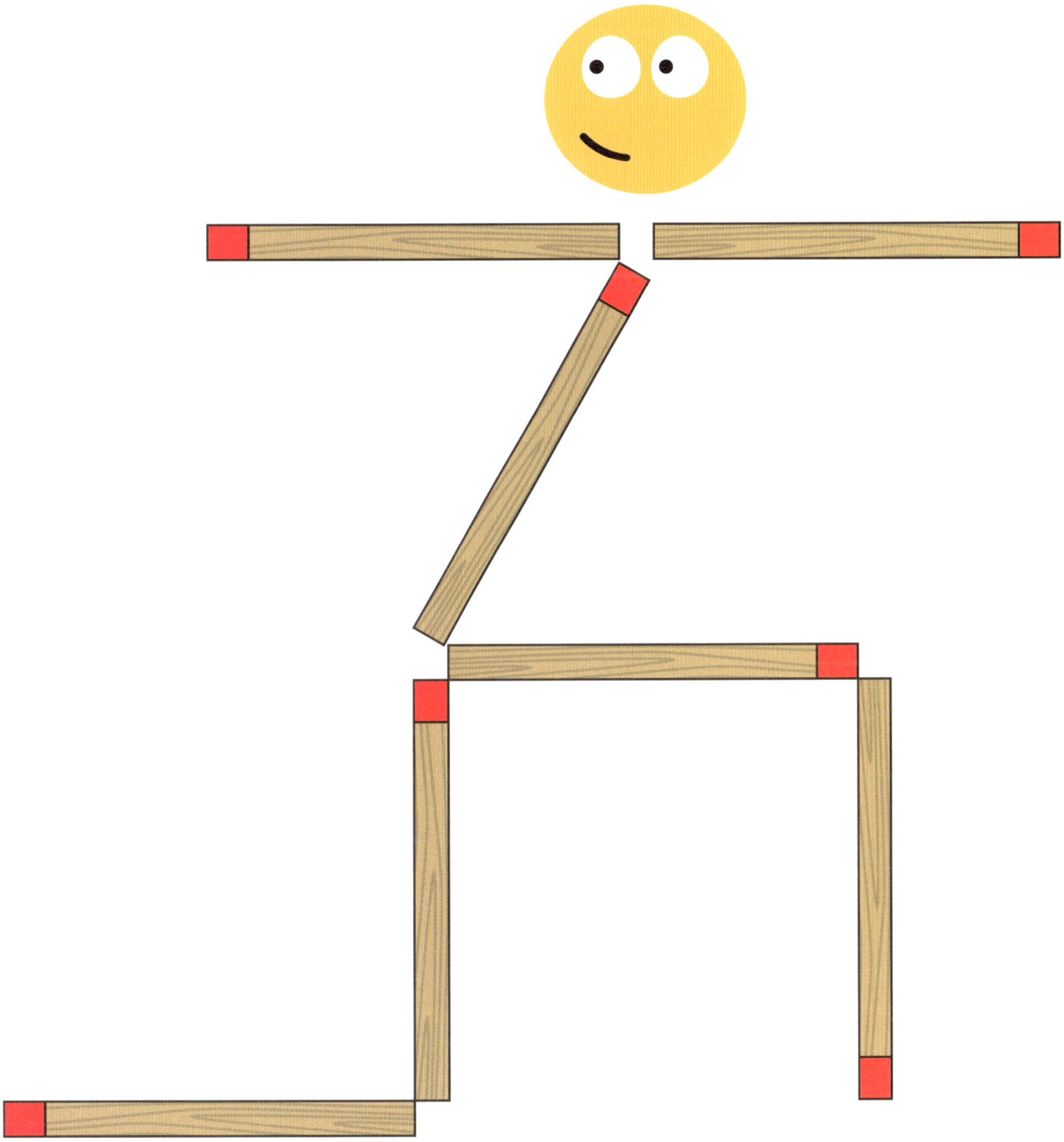

4. 디지털 숫자 익히기

디지털 숫자를 다음과 같이 약속합니다. 제시된 숫자를 디지털 숫자로 만들어 본 후, 그려보세요.

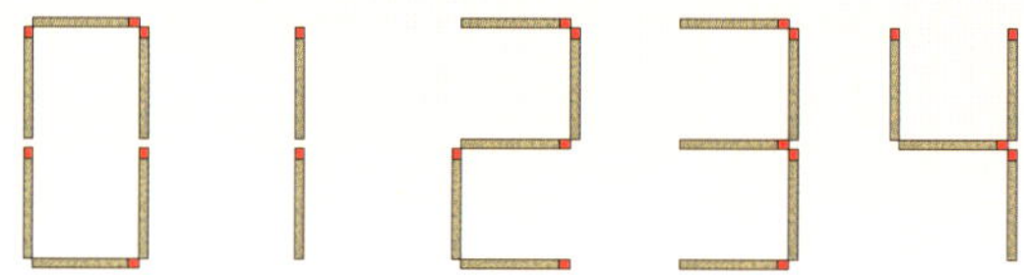

0

1

2

3

4

티칭 가이드 디지털 숫자는 시계, 엘리베이터, 전광판 등에 흔히 쓰이는 숫자 표현 방법입니다.

디지털 숫자를 다음과 같이 약속합니다. 제시된 숫자를 디지털 숫자로 만들어 본 후, 그려보세요.

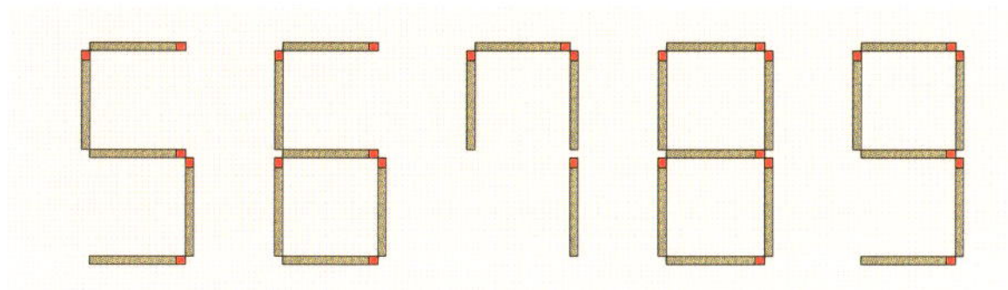

5

6

7

8

9

5. 디지털 숫자 활동

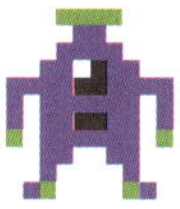
성냥개비로 두 자리 수를 나타내었습니다. 주어진 물음에 답하세요.

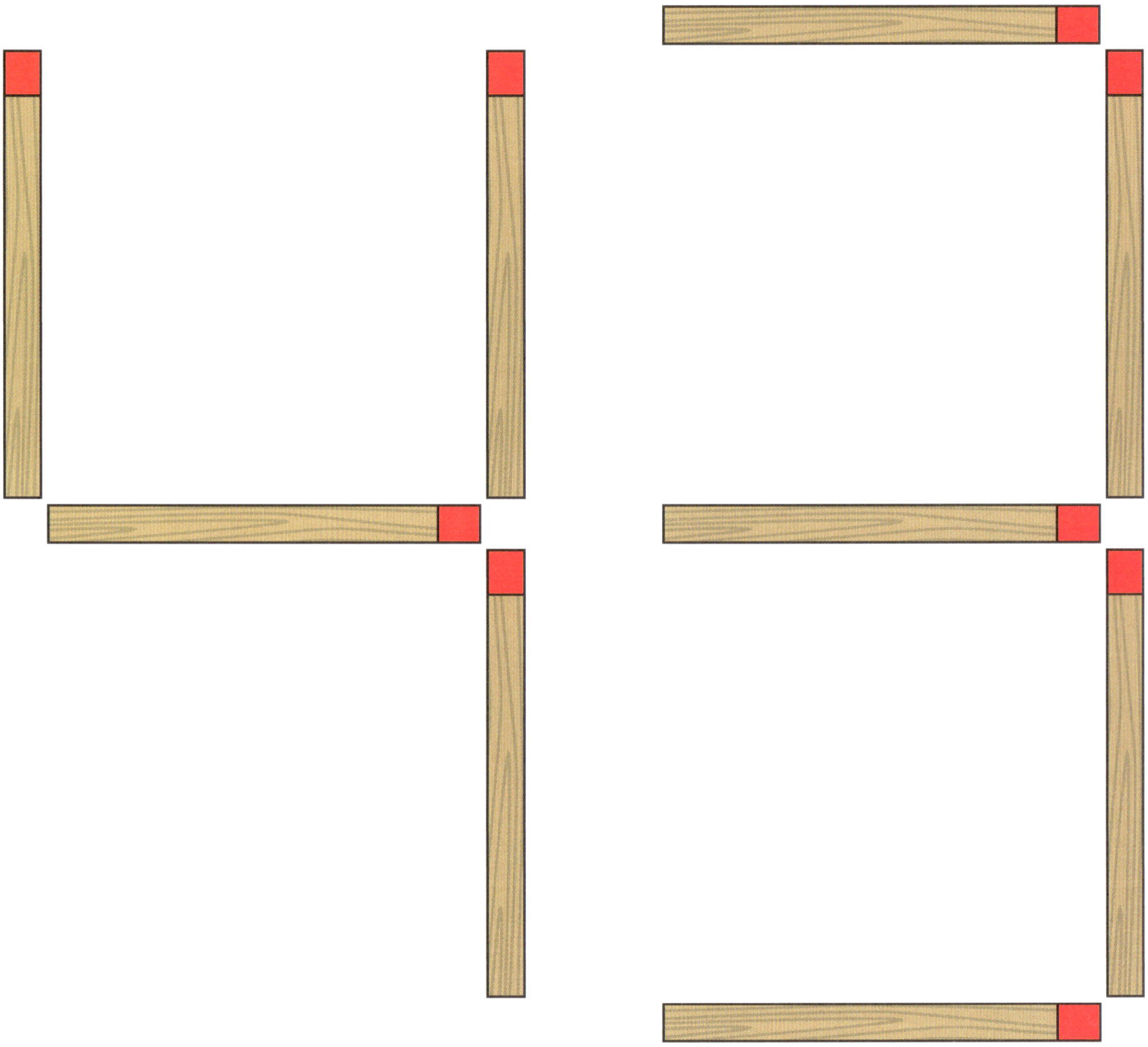

1) 성냥개비 1개를 움직여서 만들 수 있는 두 자리 수를 찾아보세요.

2) 성냥개비 2개를 더해서 만들 수 있는 두 자리 수를 찾아보세요.

성냥개비로 두 자리 수를 나타내었습니다. 주어진 물음에 답하세요.

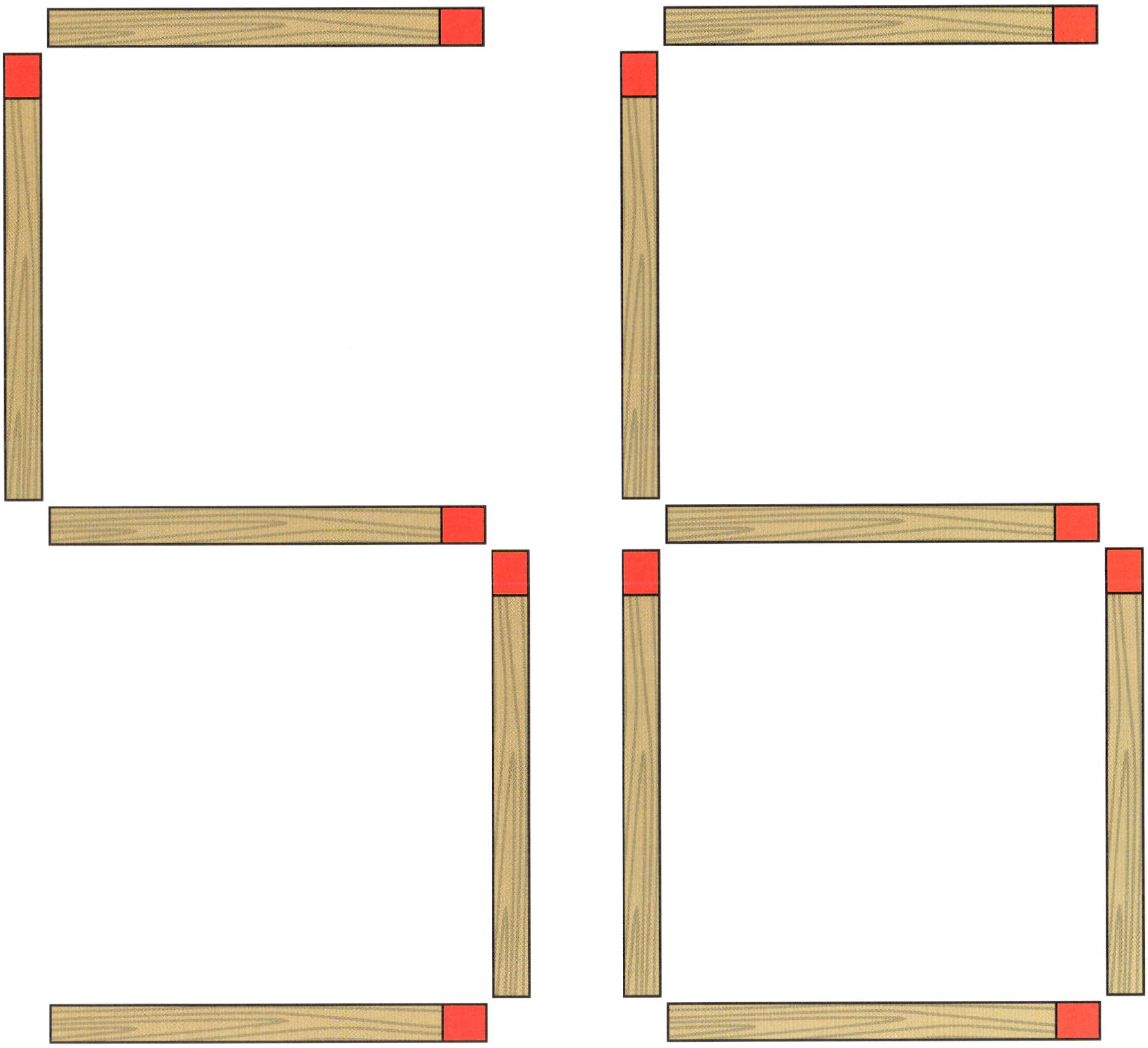

1) 성냥개비 1개를 움직여서 만들 수 없는 수를 모두 찾아보세요.

① 26 ② 36 ③ 50 ④ 59 ⑤ 95 ⑥ 96

2) 성냥개비 2개를 움직여서 만들 수 없는 수를 모두 찾아보세요.

① 26 ② 30 ③ 39 ④ 85 ⑤ 92 ⑥ 97

6. 등식 만들기 1

성냥개비 1개를 움직여서 등식이 성립되도록 만들어 보세요.

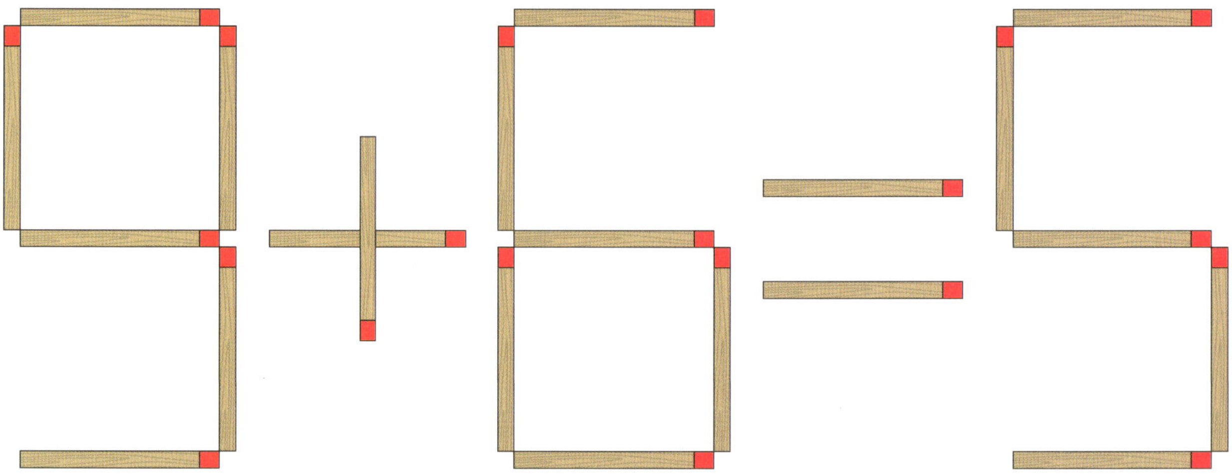

성냥개비 1개를 움직여서 등식이 성립되도록 만들어 보세요.

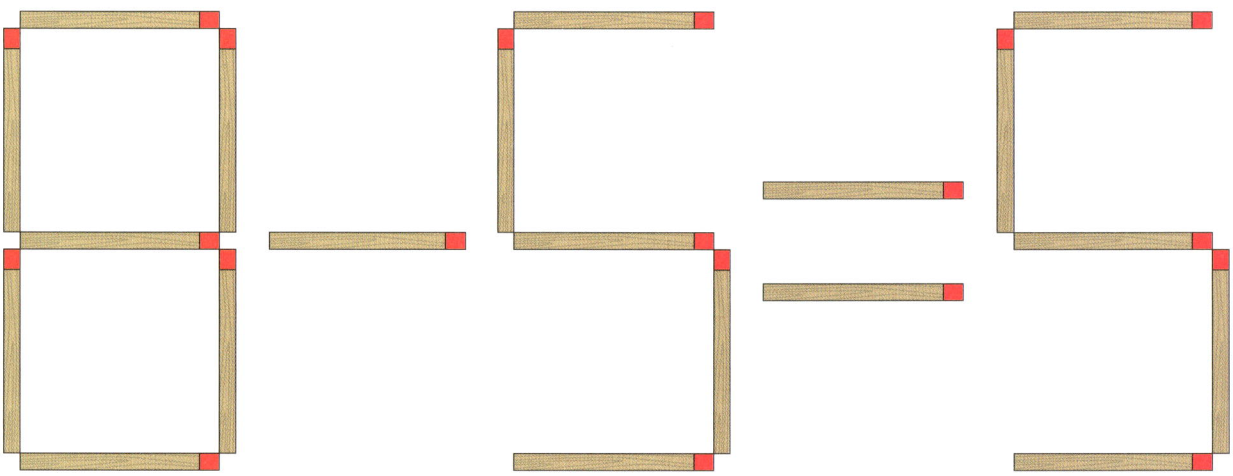

성냥개비 1개를 움직여서 등식이 성립되도록 만들어 보세요.

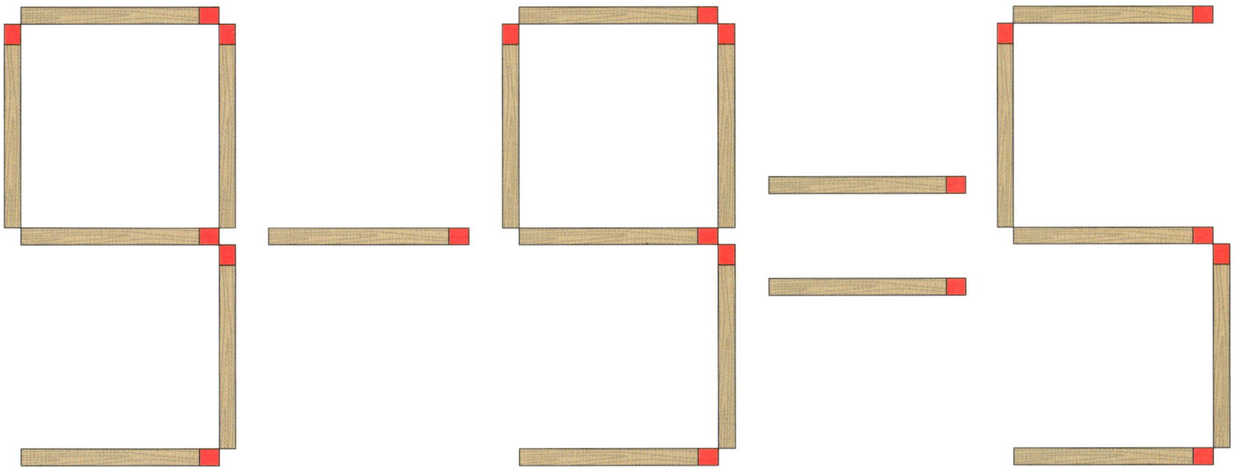

성냥개비 4개를 빼서 등식이 성립되도록 만들어 보세요.

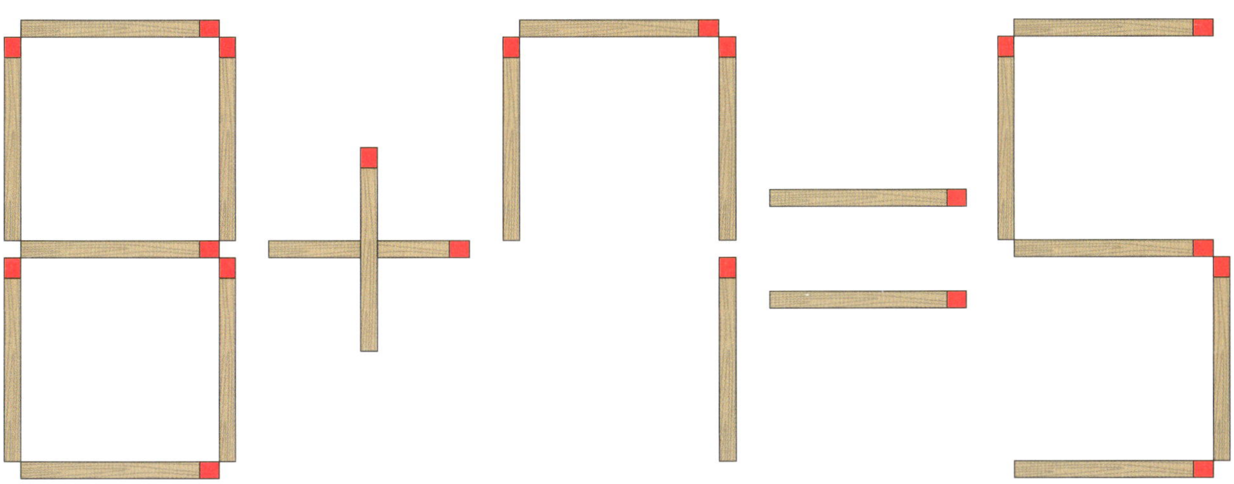

7. 크고 작은 사각형 1

다음 모양에서 크고 작은 사각형을 구해보세요.

1) 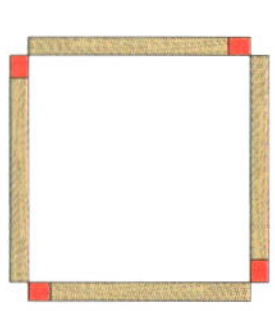 는 몇 개인가요?

2) 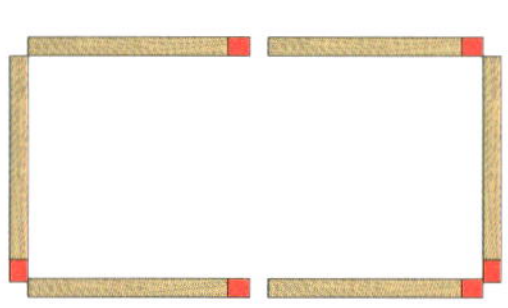 는 몇 개인가요?

3) 크고 작은 사각형은 모두 몇 개인가요?

성냥개비 2개를 움직여서 크고 작은 사각형이 2개가 되도록 만들어 보세요.

8. 크고 작은 사각형 2

도형

다음 모양에서 크고 작은 사각형을 구해보세요.

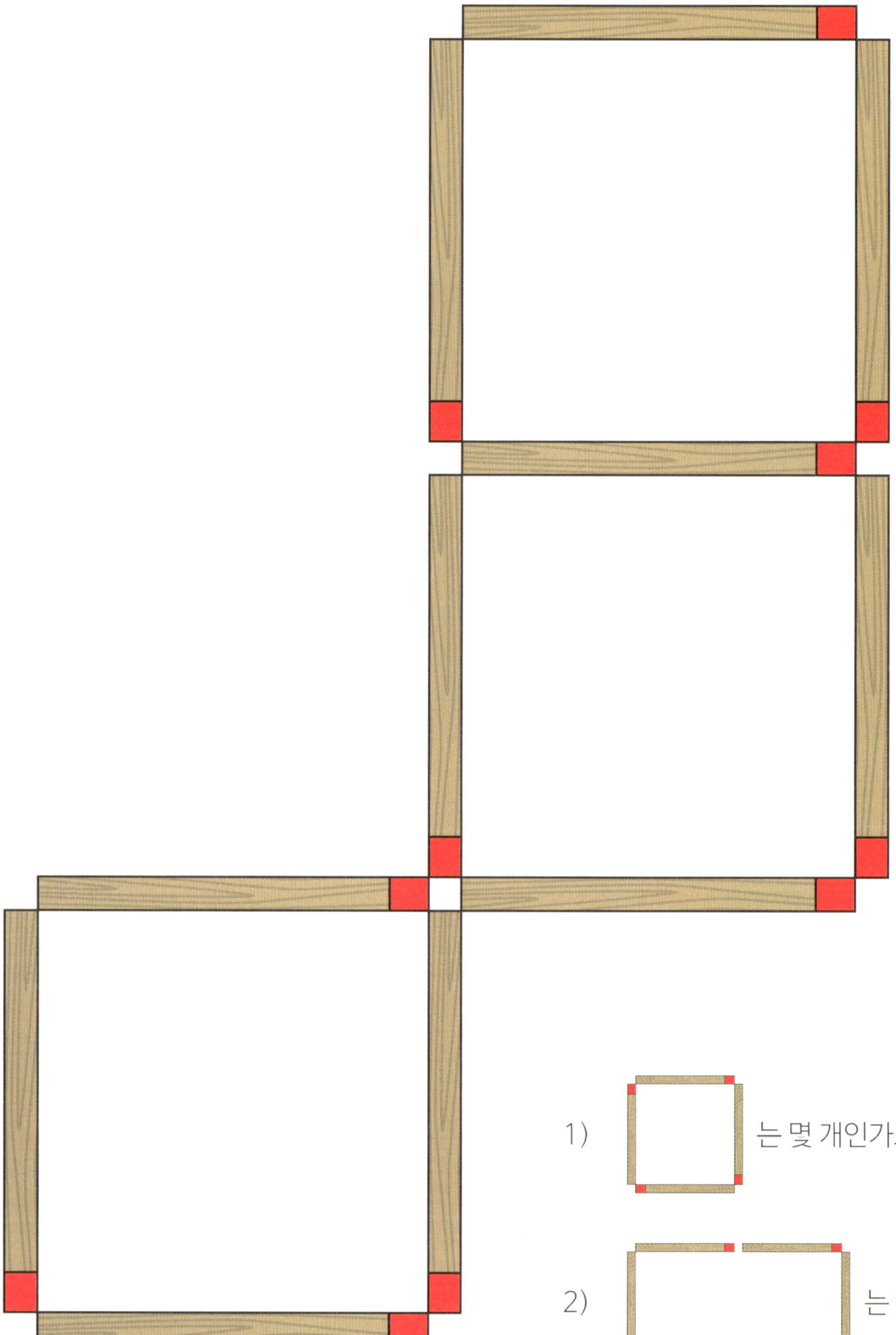

1) 는 몇 개인가요?

2) 는 몇 개인가요?

3) 크고 작은 사각형은 모두 몇 개인가요?

성냥개비 3개를 움직여서 크고 작은 사각형이 5개가 되도록 만들어 보세요.

9. 크고 작은 정삼각형 1

도형

다음 모양에서 크고 작은 정삼각형을 구해보세요.

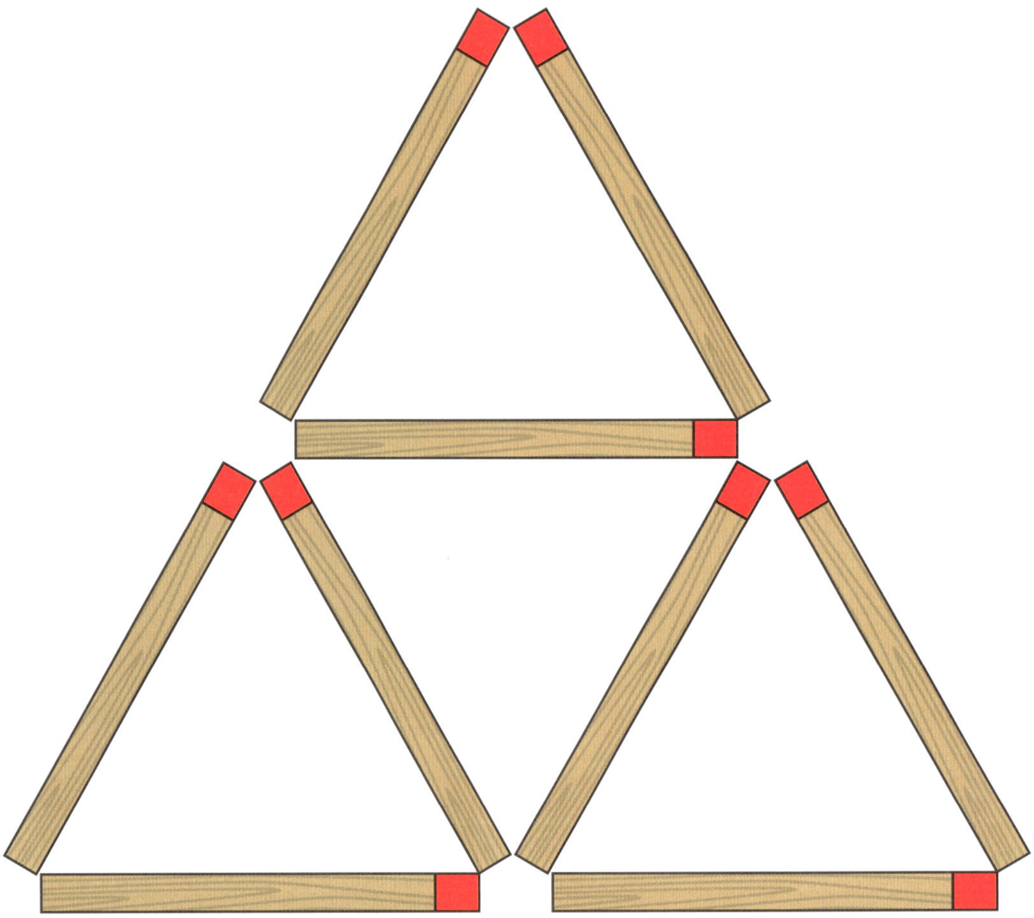

1) 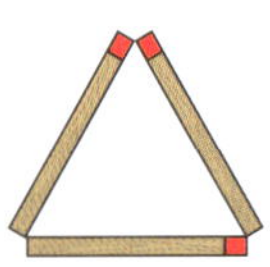 는 몇 개인가요?

2) 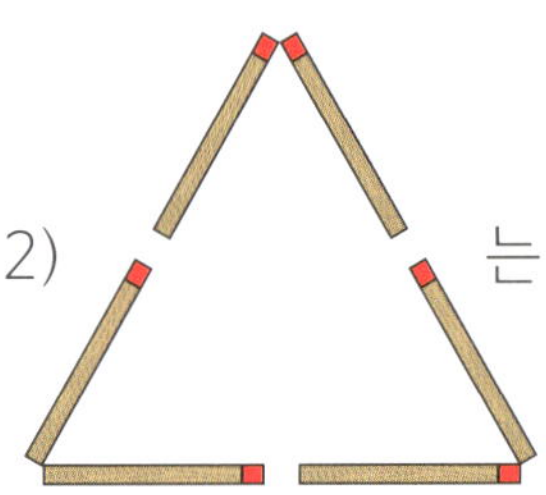 는 몇 개인가요?

3) 크고 작은 정삼각형은 몇 개인가요?

성냥개비 2개를 움직여서 크고 작은 정삼각형 2개를 만들어 보세요.

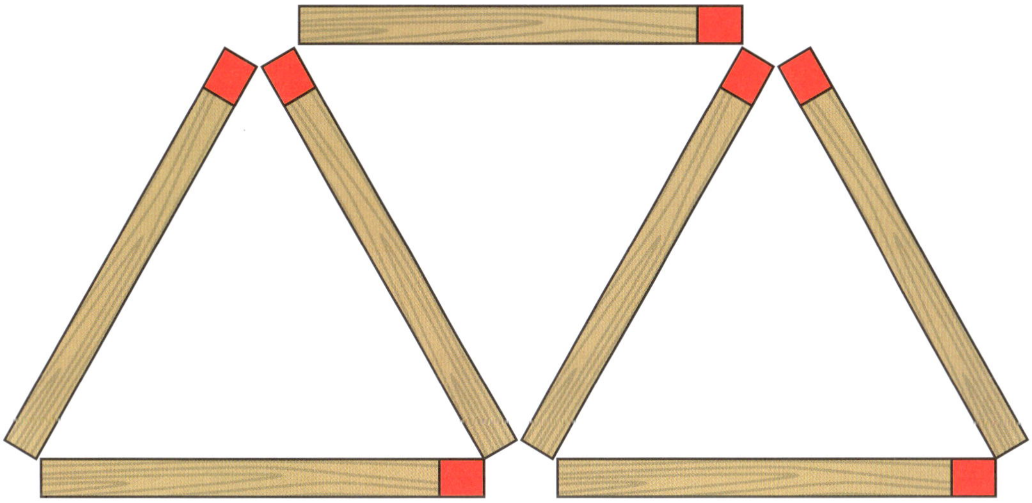

10. 크고 작은 정삼각형 2

성냥개비 2개를 움직여서 크고 작은 정삼각형이 5개가 되도록 만들어 보세요.

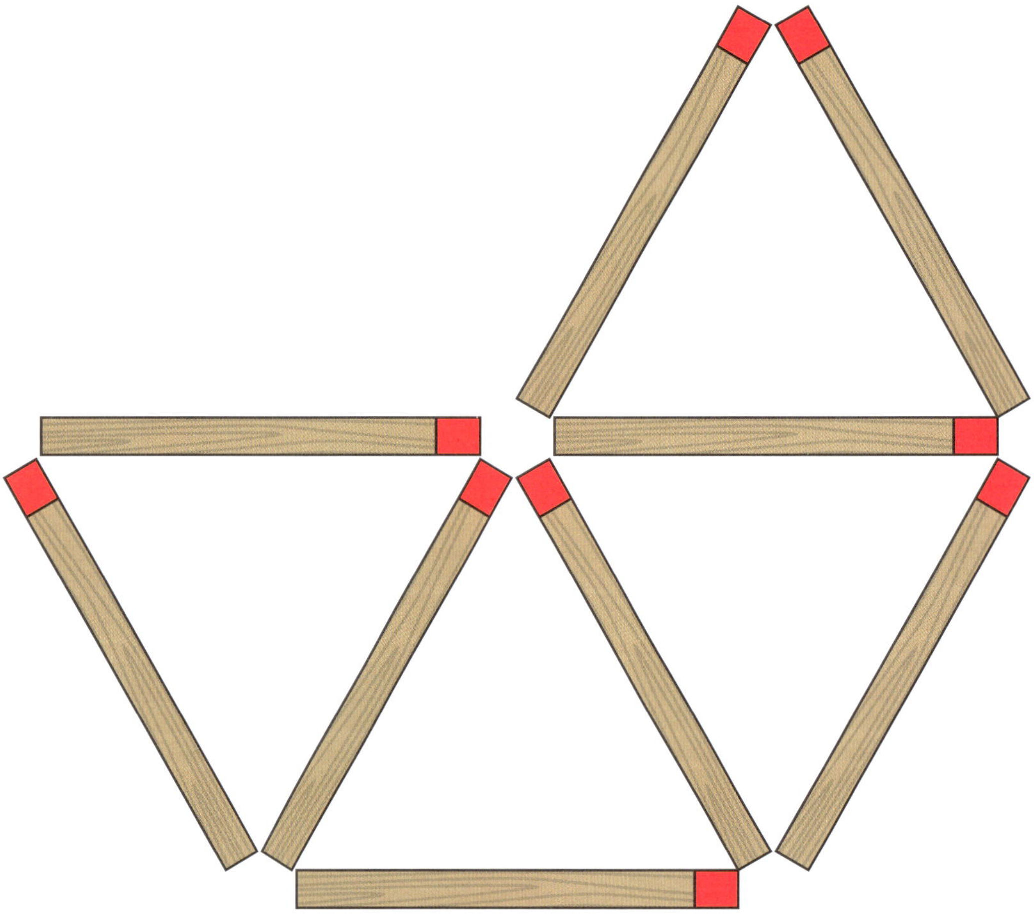

성냥개비 4개를 빼서 크고 작은 정삼각형 4개를 만들어 보세요.

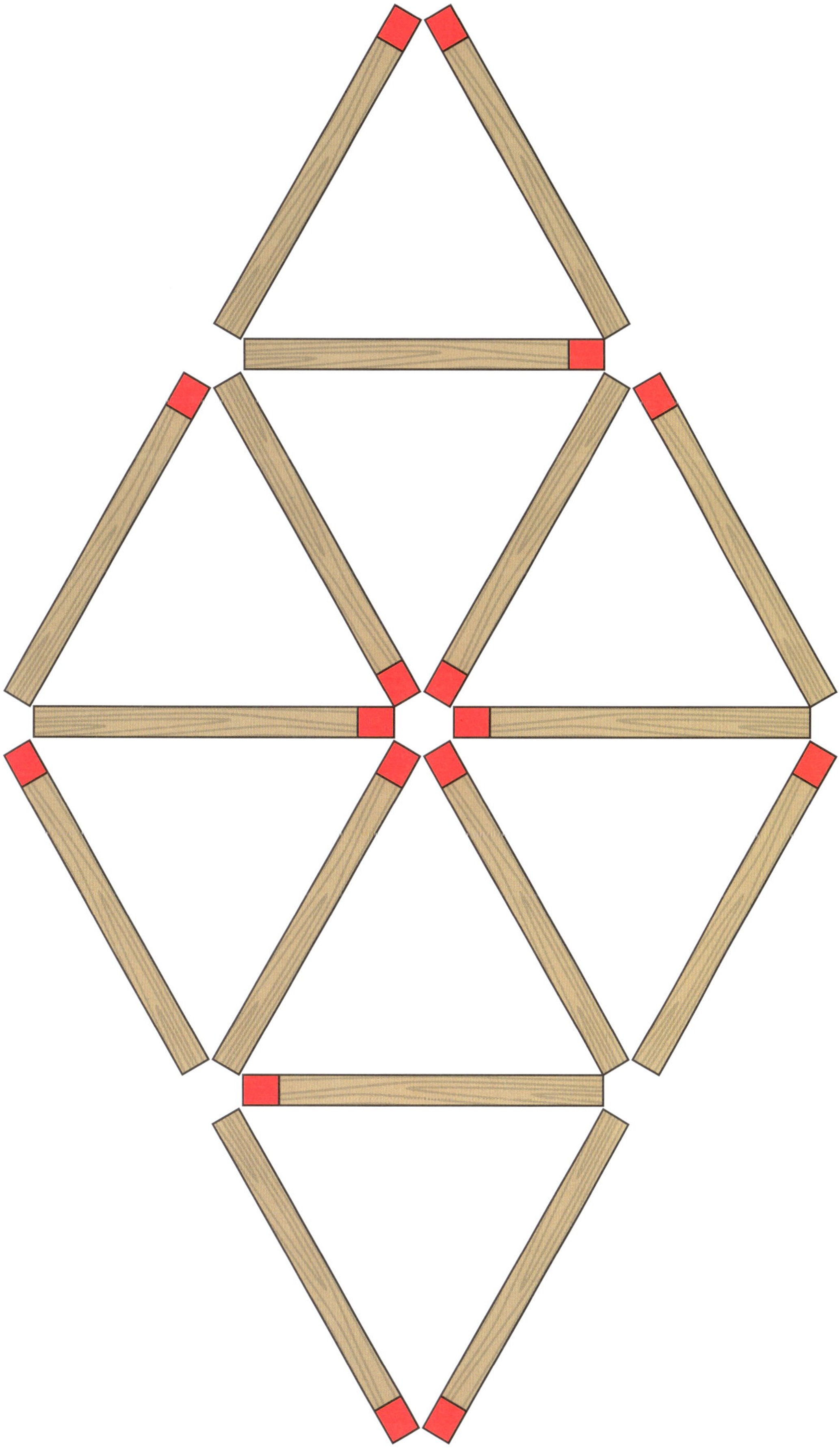

11. 크고 작은 정삼각형 3

도형

다음 모양에서 크고 작은 정삼각형을 구해보세요.

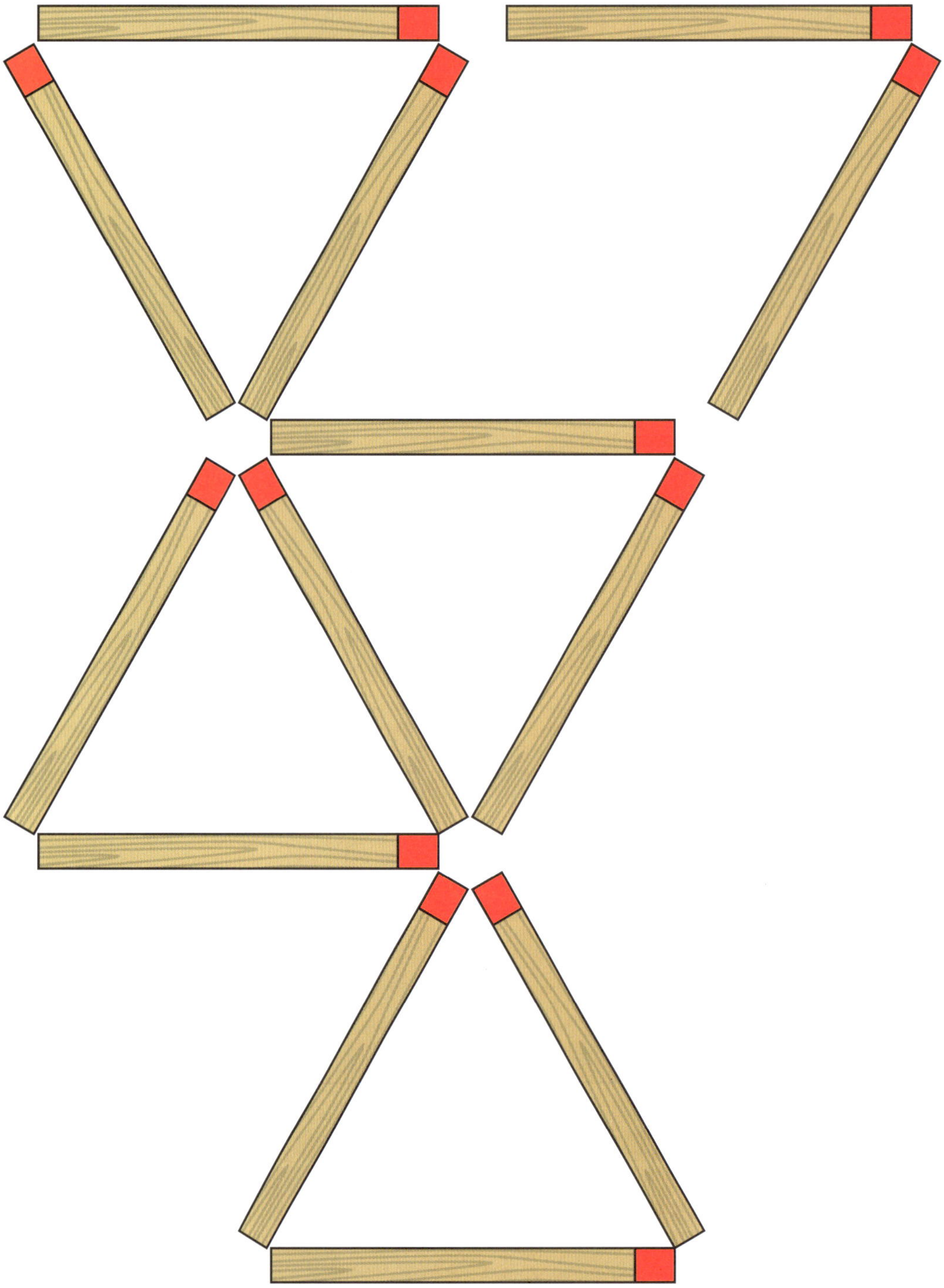

성냥개비 2개를 움직여서 크고 작은 정삼각형이 4개가 되도록 만들어 보세요.

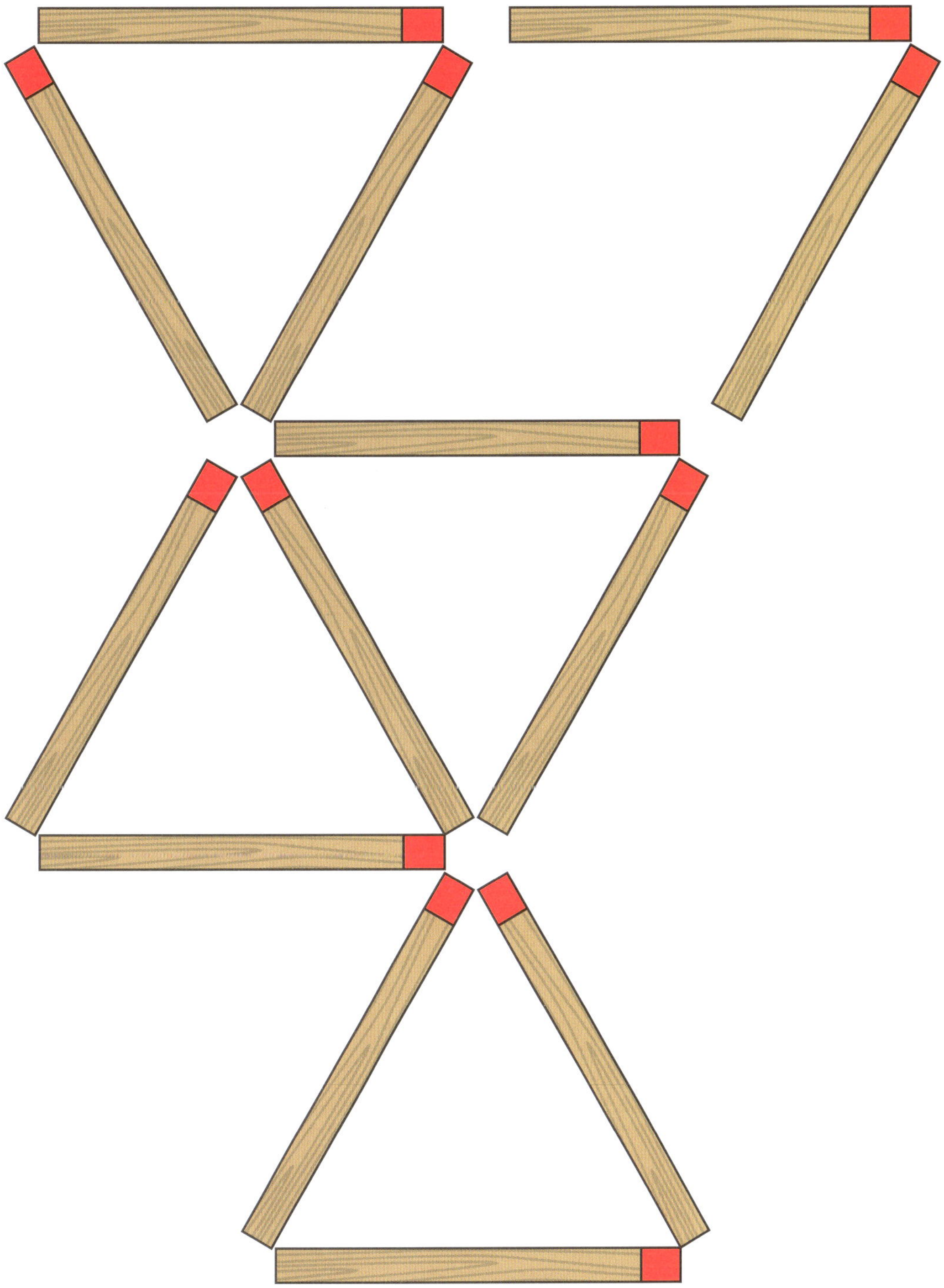

12. 마름모 만들기

성냥개비 4개를 빼서 크고 작은 마름모 5개를 만들어 보세요.

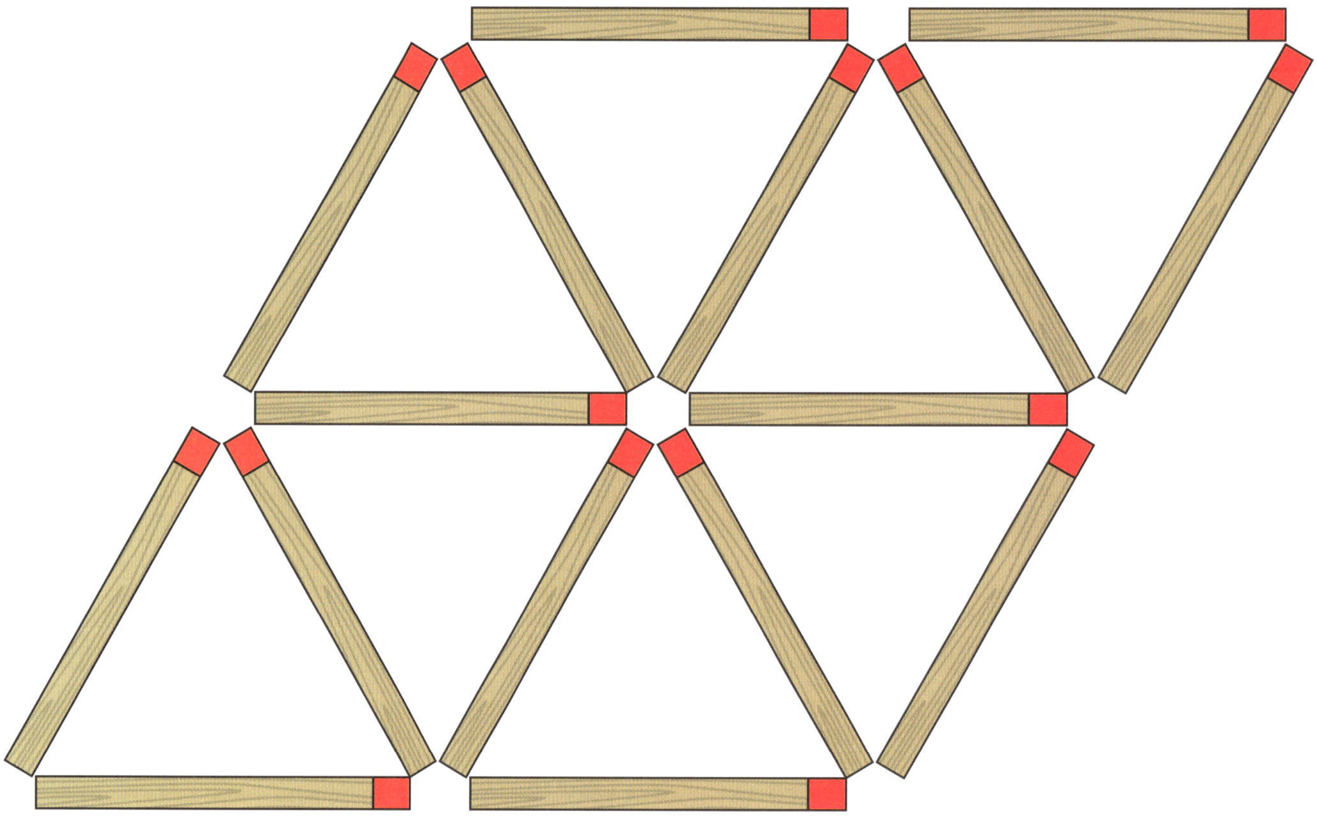

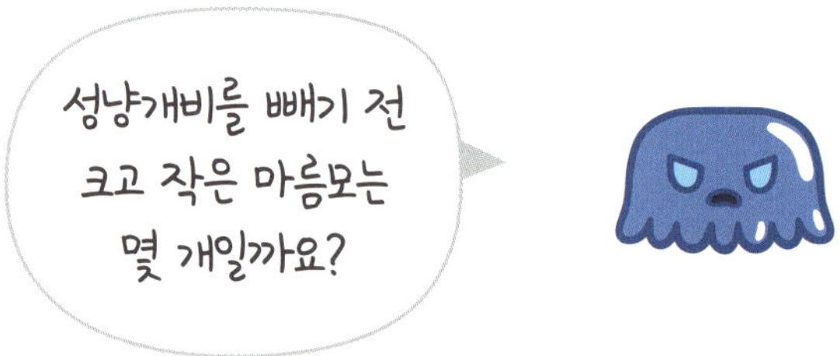

성냥개비 6개를 빼서 크기가 같은 마름모 3개를 만들어 보세요.

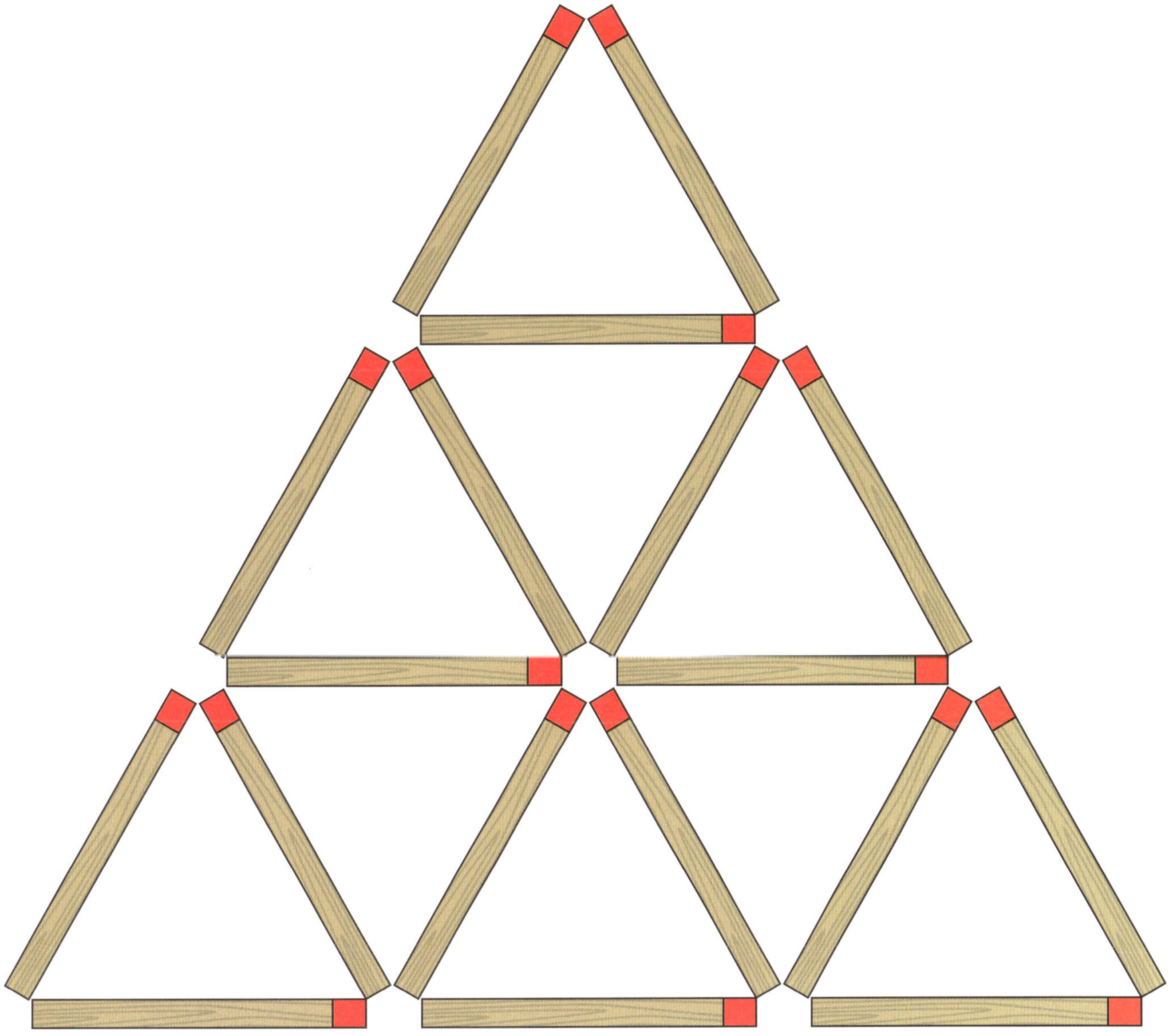

13. 가장 큰 두 자리 수 만들기

성냥개비 1개를 움직여서 만들 수 있는 가장 큰 두 자리 수를 만들어 보세요.

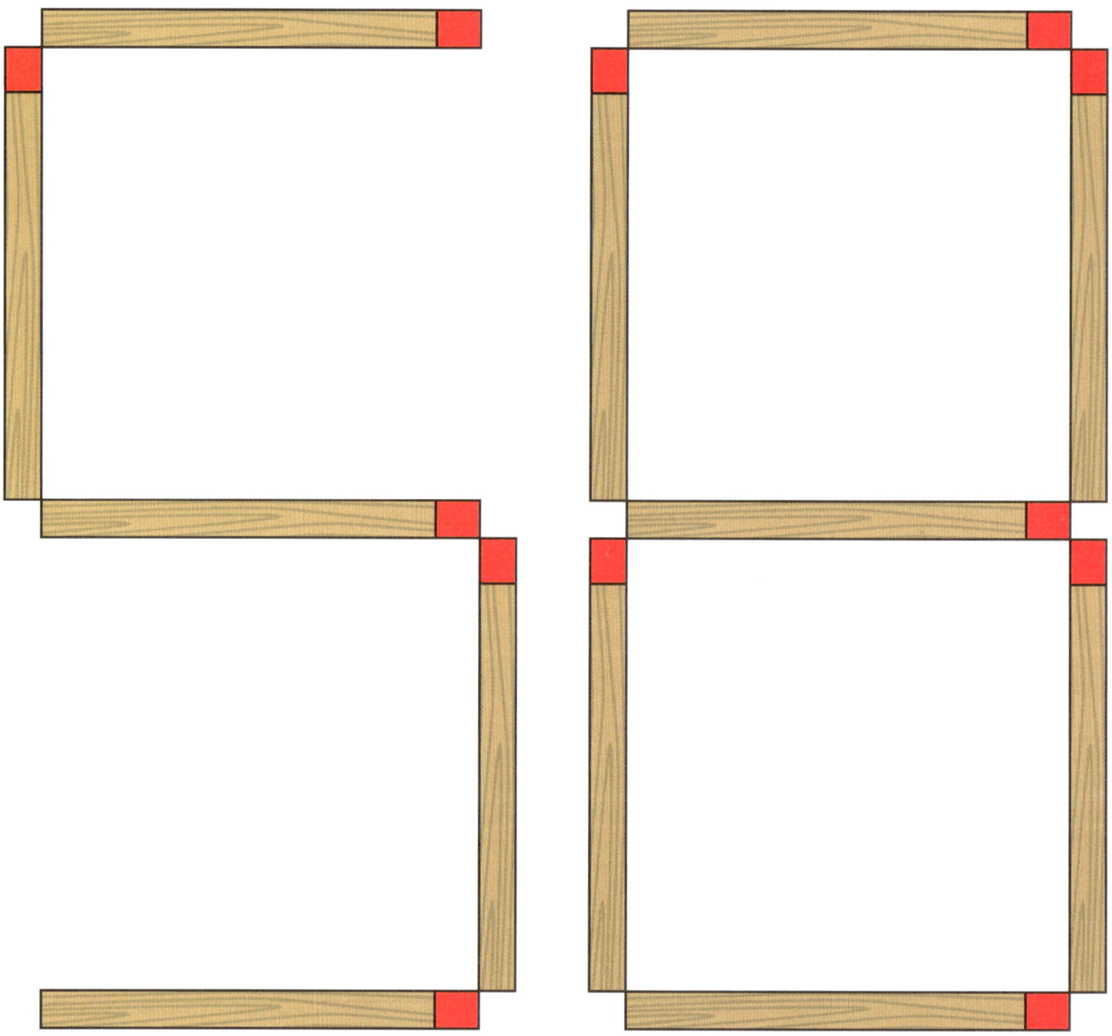

성냥개비 2개를 움직여서 만들 수 있는 가장 큰 두 자리 수를 만들어 보세요.

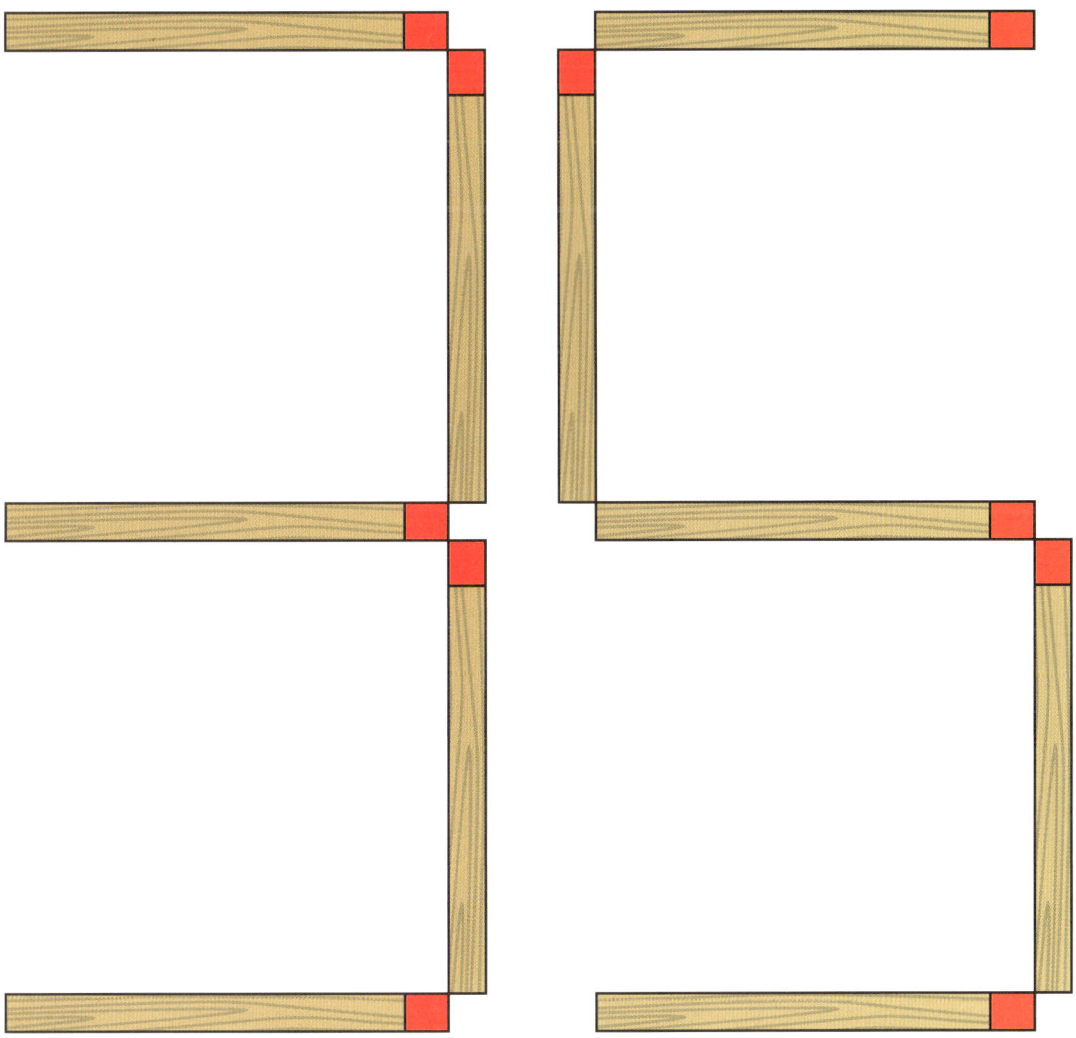

14. 등식 만들기 2

성냥개비 2개를 움직여서 등식이 성립되도록 만들어 보세요.

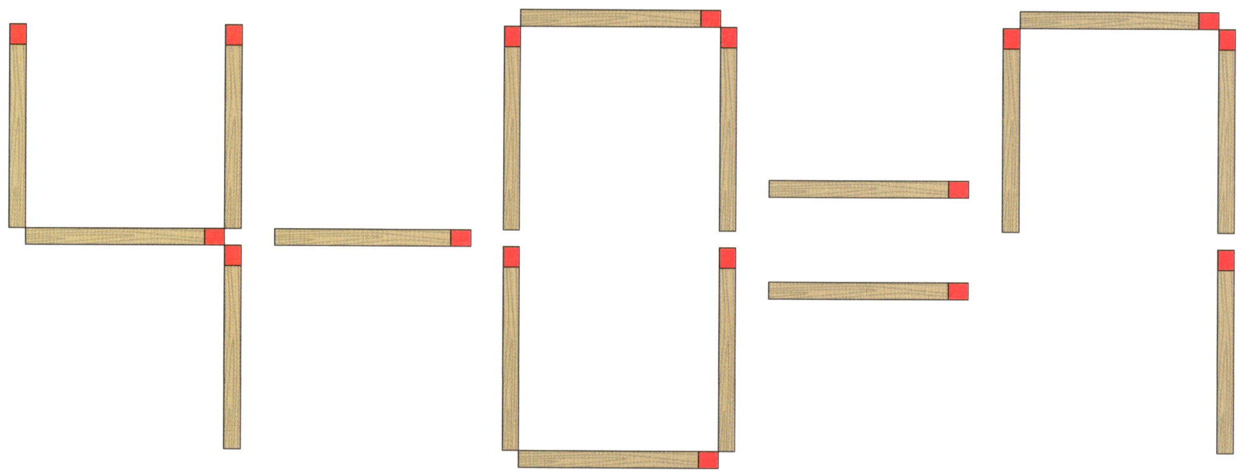

성냥개비 2개를 더해서 등식이 성립되도록 만들어 보세요.

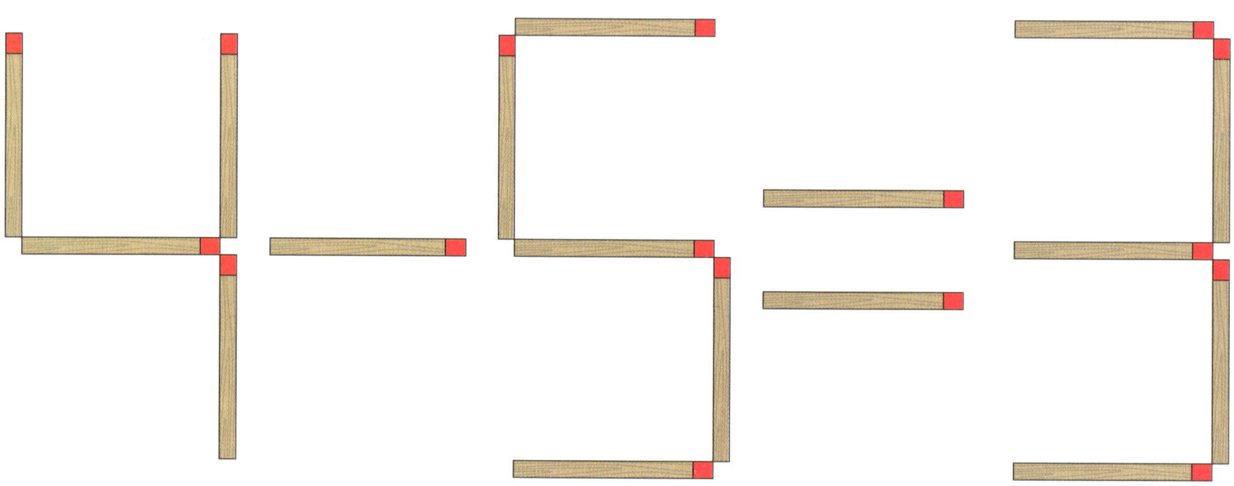

성냥개비 2개를 움직여서 등식이 성립되도록 만들어 보세요.

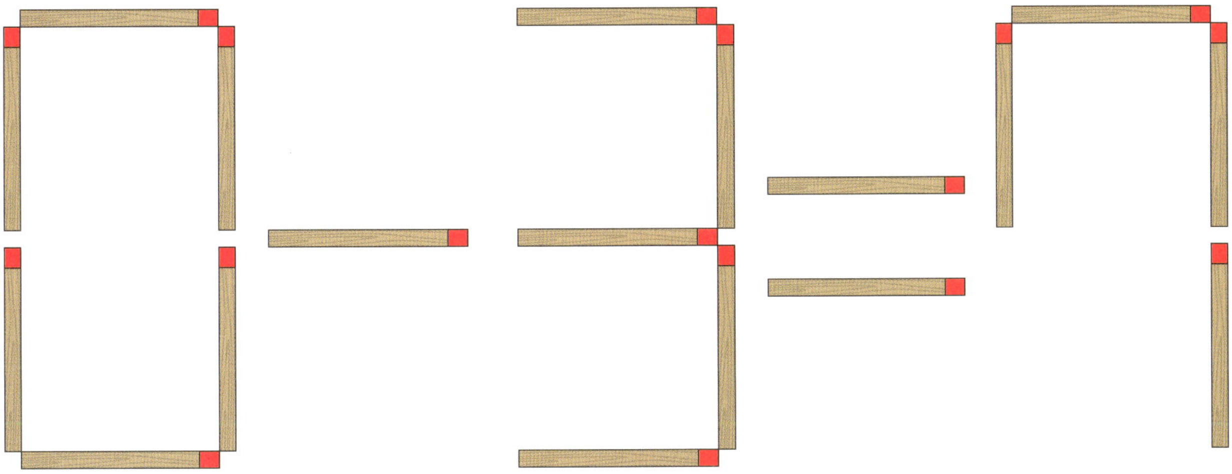

성냥개비 5개를 더해서 등식이 성립되도록 만들어 보세요.

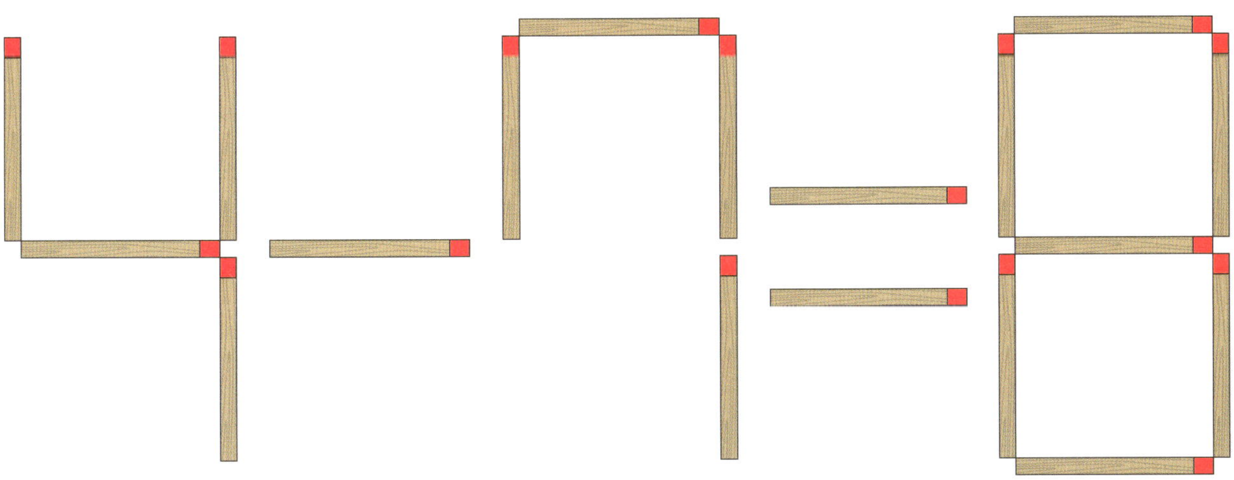

15. 사각형 만들기

성냥개비 6개를 움직여서 다음 정사각형 7개를 만들어 보세요.

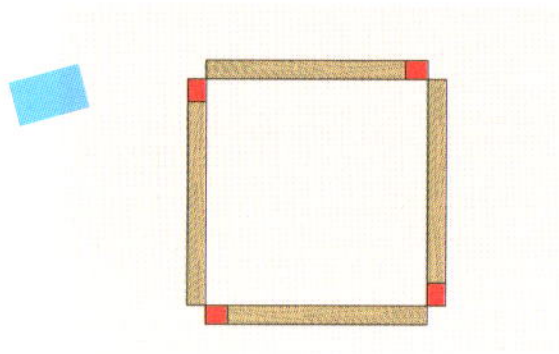

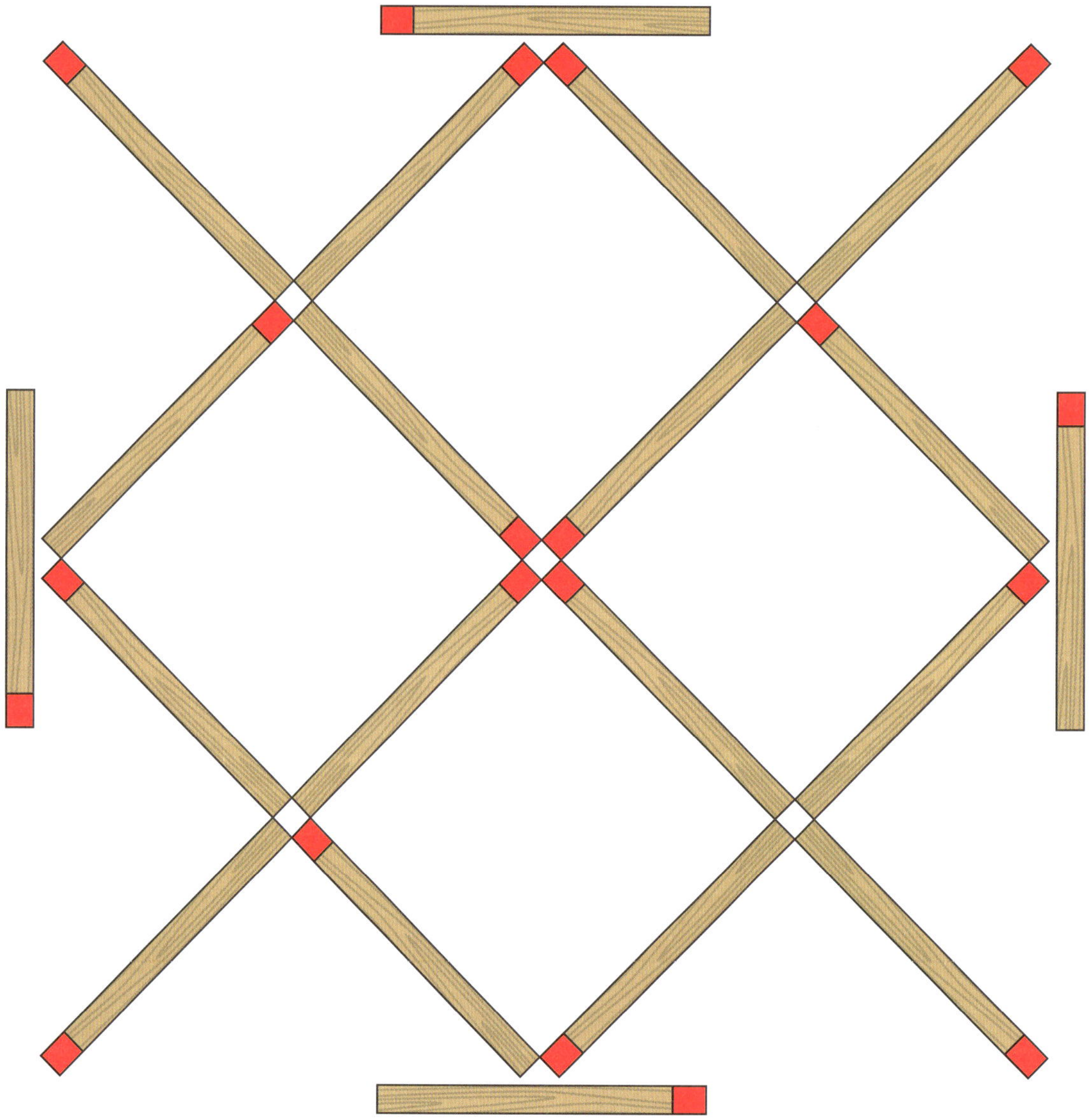

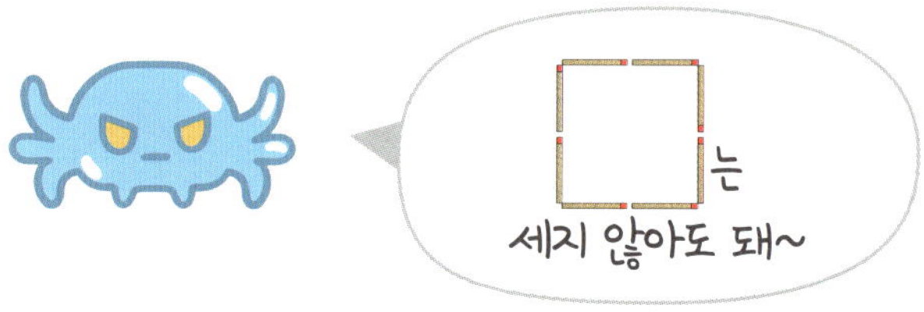

성냥개비 6개를 더해서 다음 직사각형 4개를 만들어 보세요.

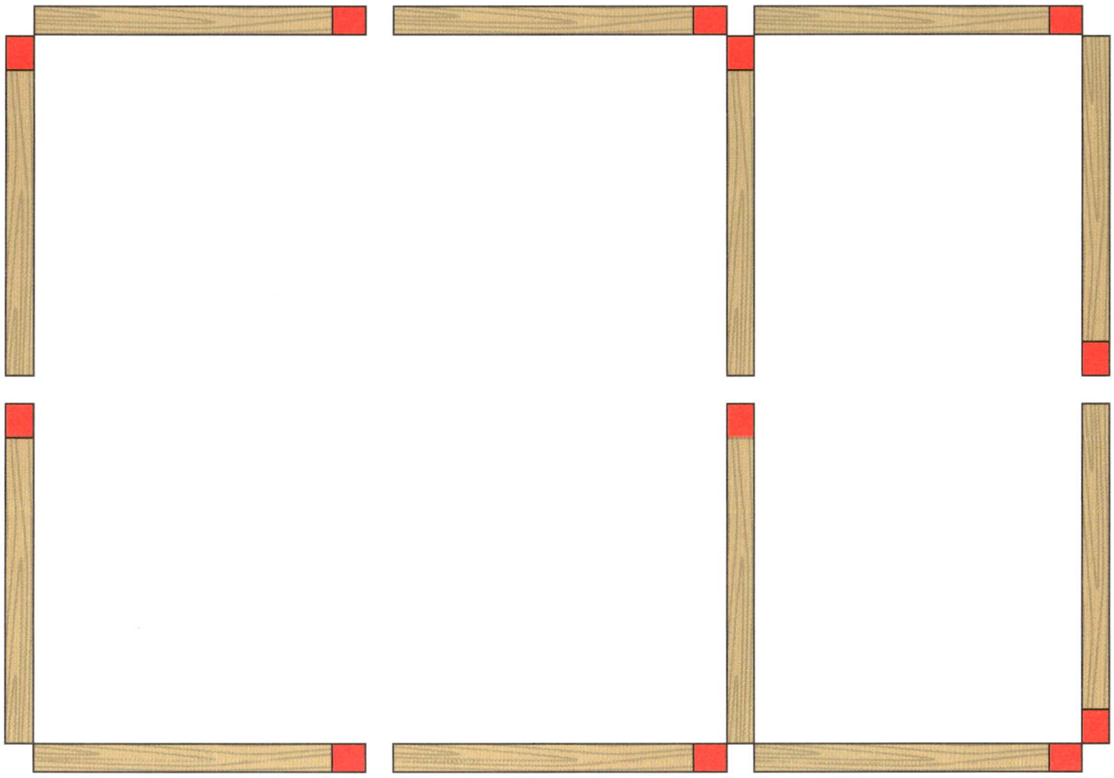

16. 별모양과 사다리꼴

성냥개비 5개를 움직여서 별 모양을 만들어 보세요.

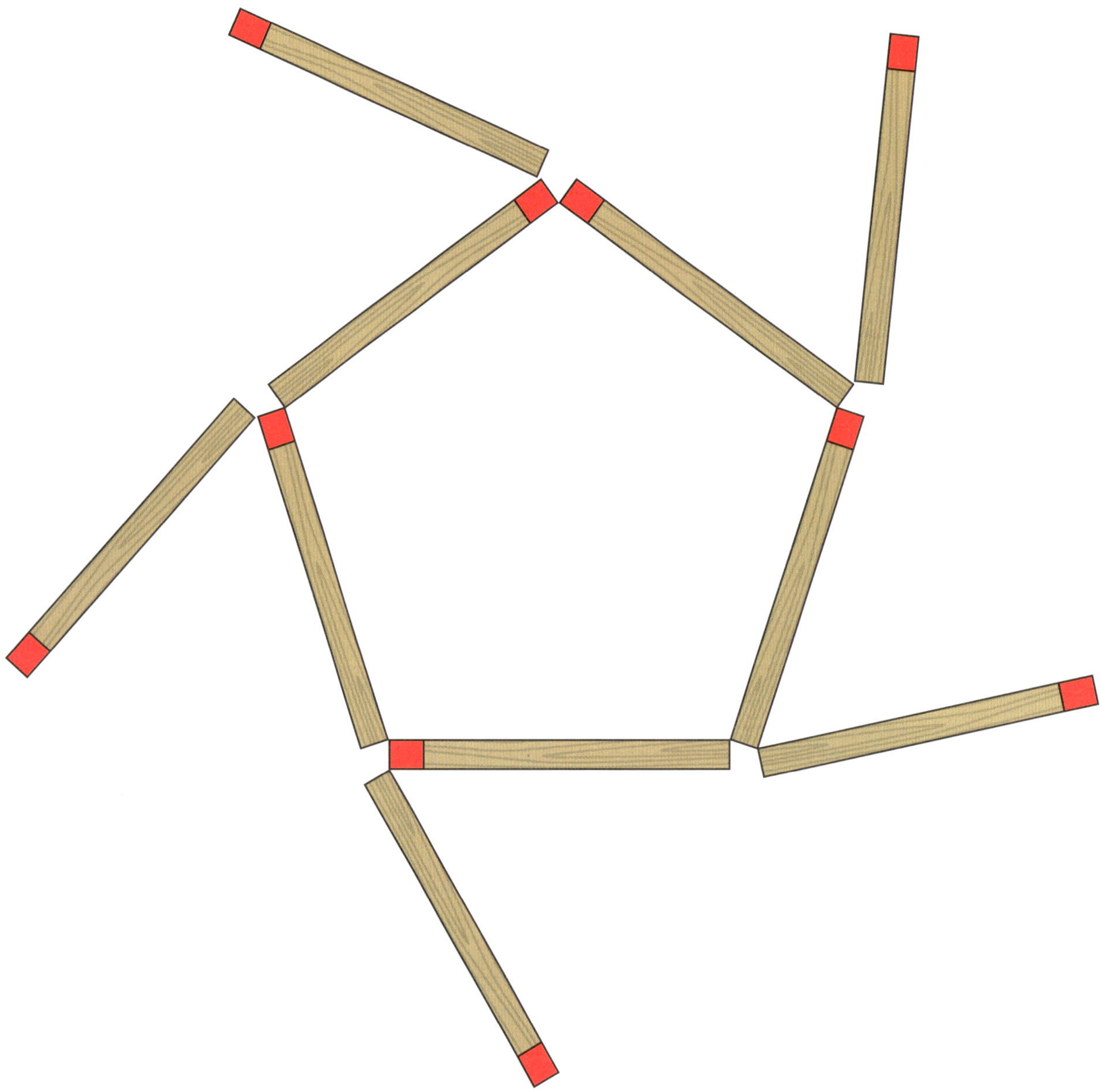

삼각형 안에 성냥개비 3개를 더해서 크기가 같은 사다리꼴 3개가 되도록 만들어 보세요.

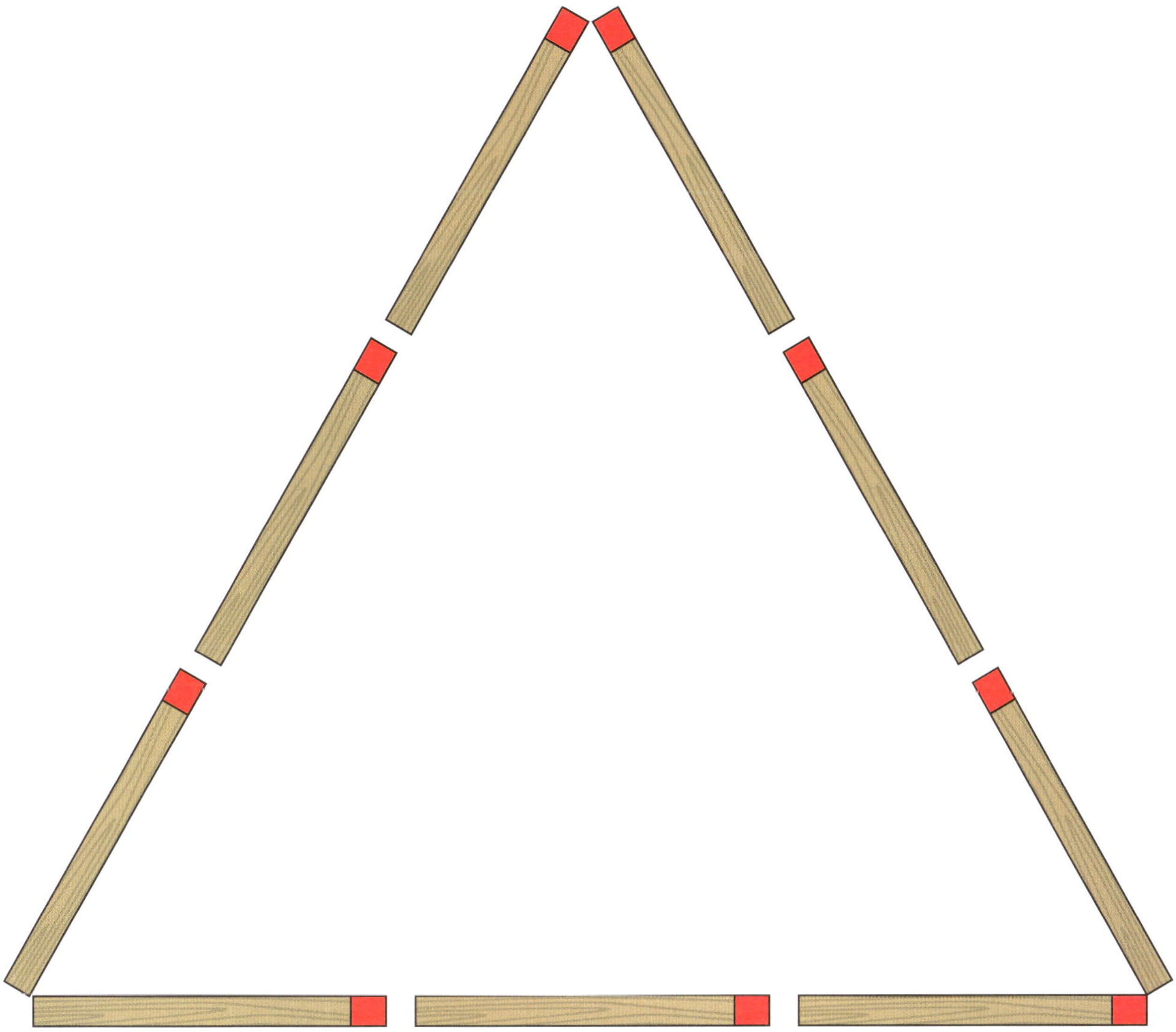

17. 크고 작은 정사각형 1

도형

성냥개비 2개를 빼서 다음 정사각형 4개를 만들어 보세요.

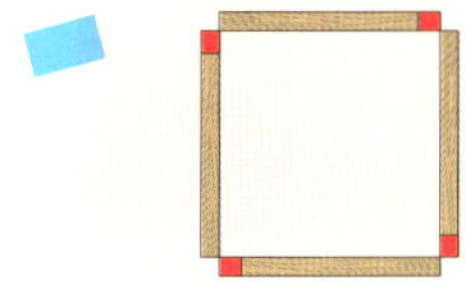

성냥개비 4개를 움직여서 크고 작은 정사각형 8개를 만들어 보세요.

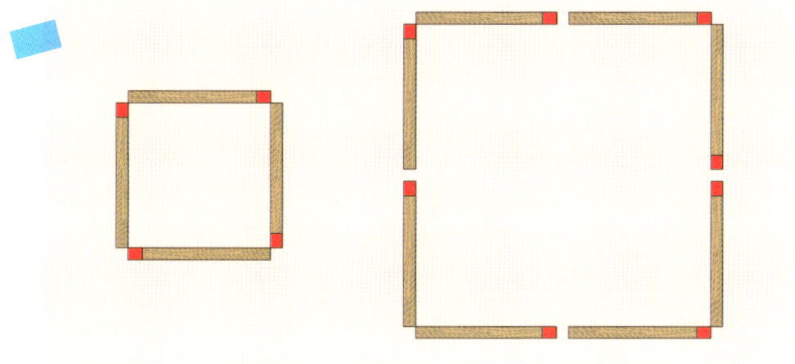

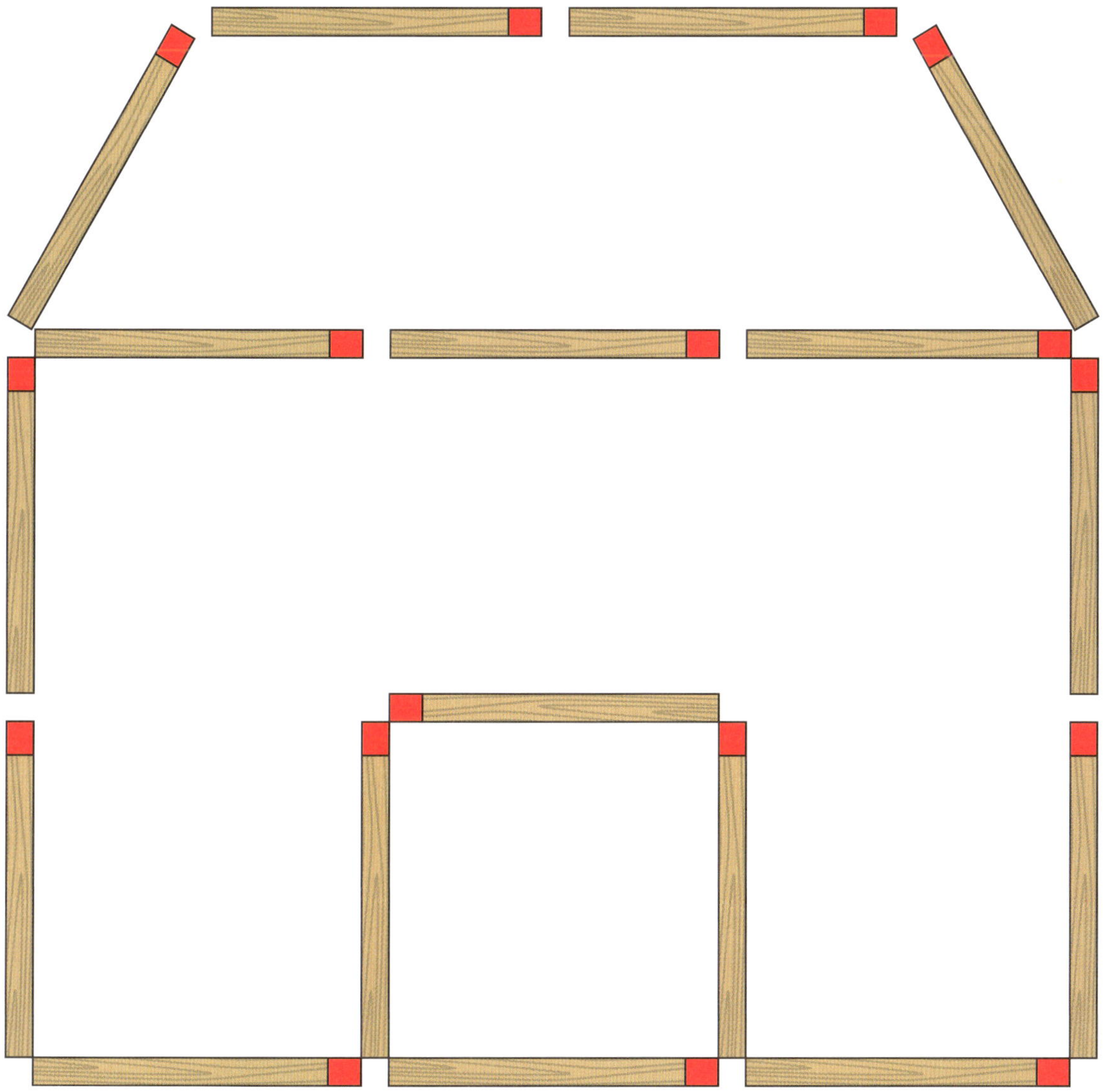

성냥개비 4개를 움직여서 크고 작은 정사각형 6개를 만들어 보세요.

성냥개비 6개를 움직여서 크고 작은 정사각형 3개를 만들어 보세요.

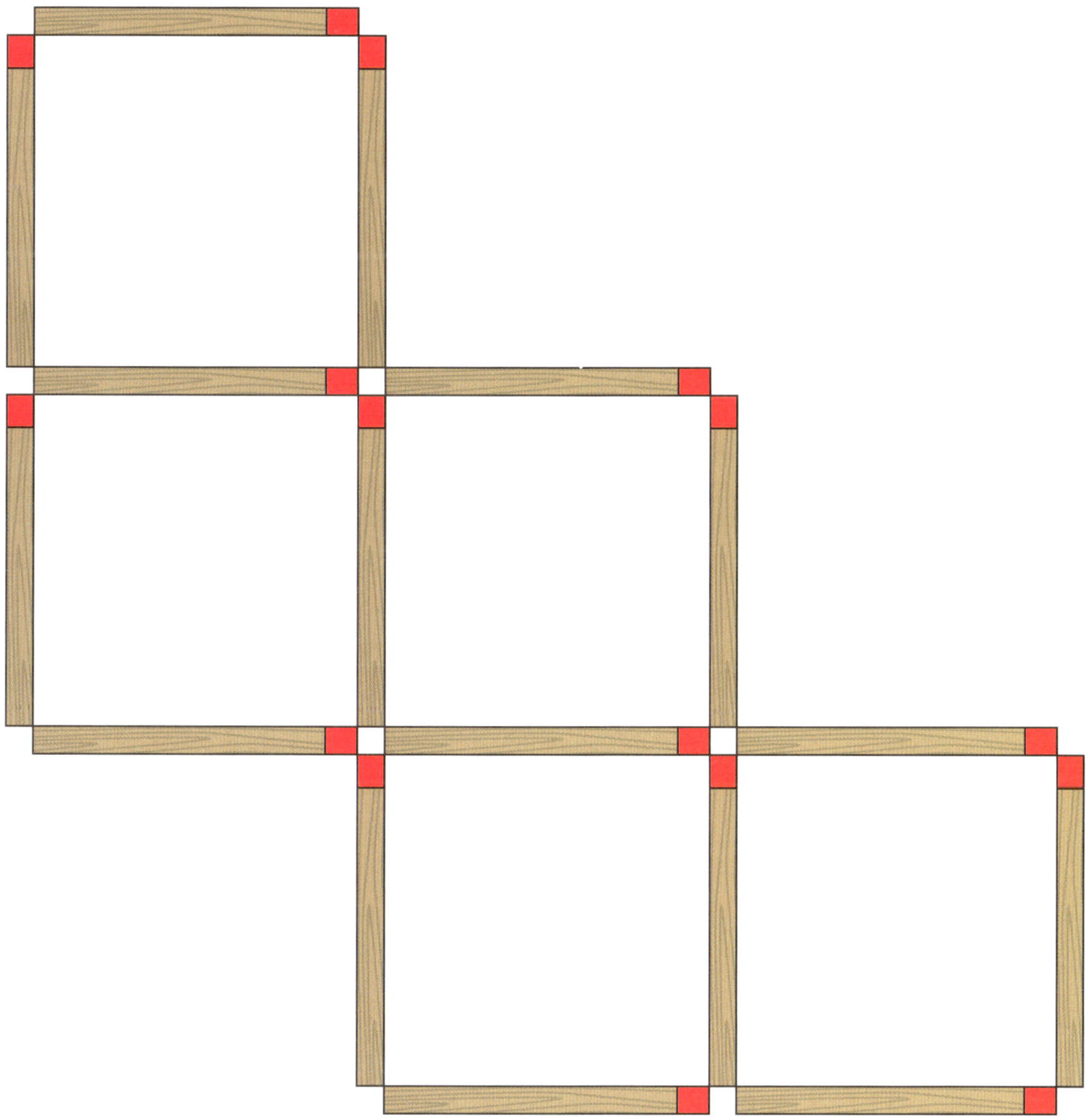

성냥개비 2개를 더하여 모양과 크기가 같은 2개의 도형으로 나누어 보세요.

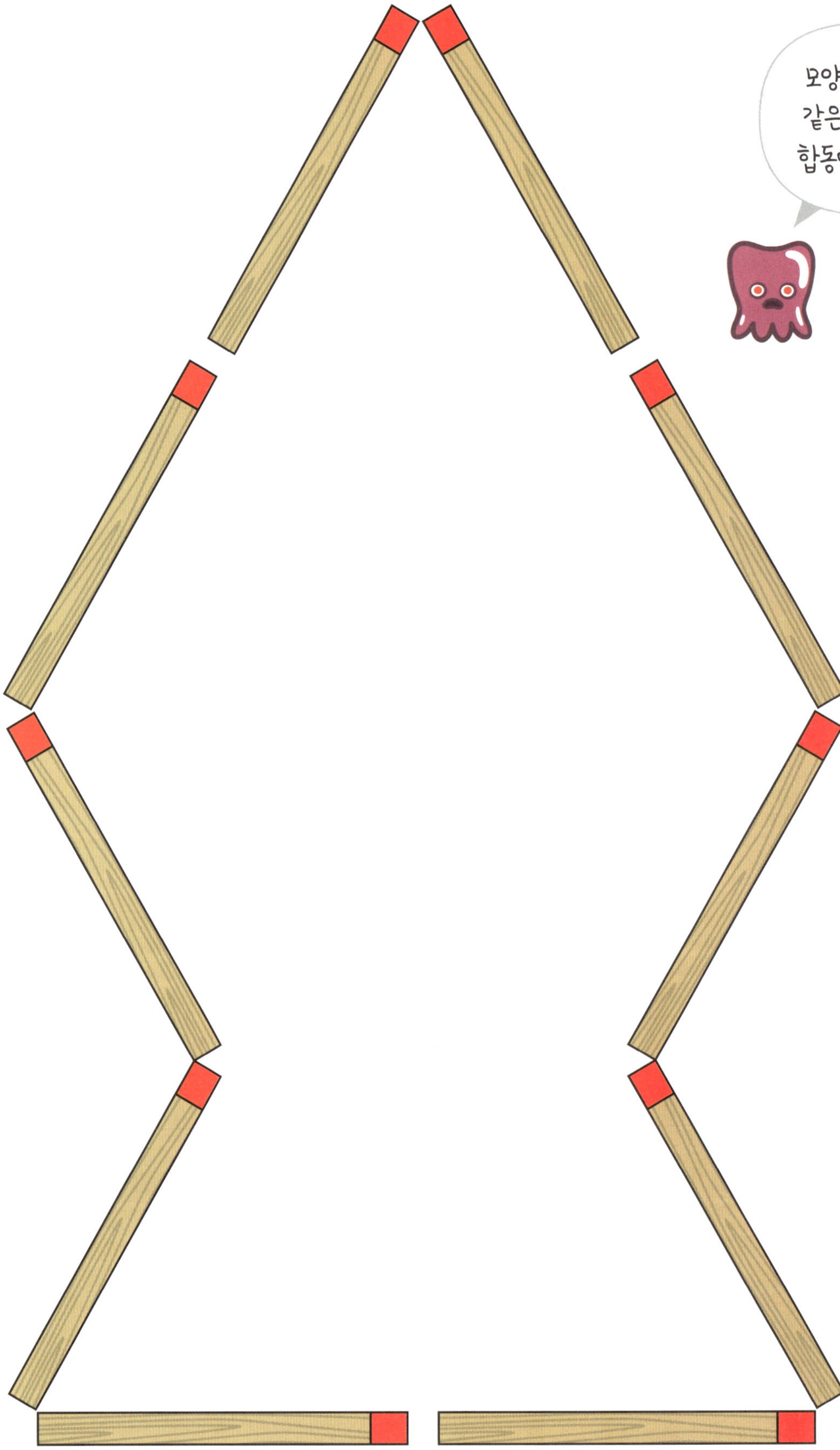

성냥개비 3개를 더해서 모양과 크기가 같은 2개의 도형으로 나누어 보세요.

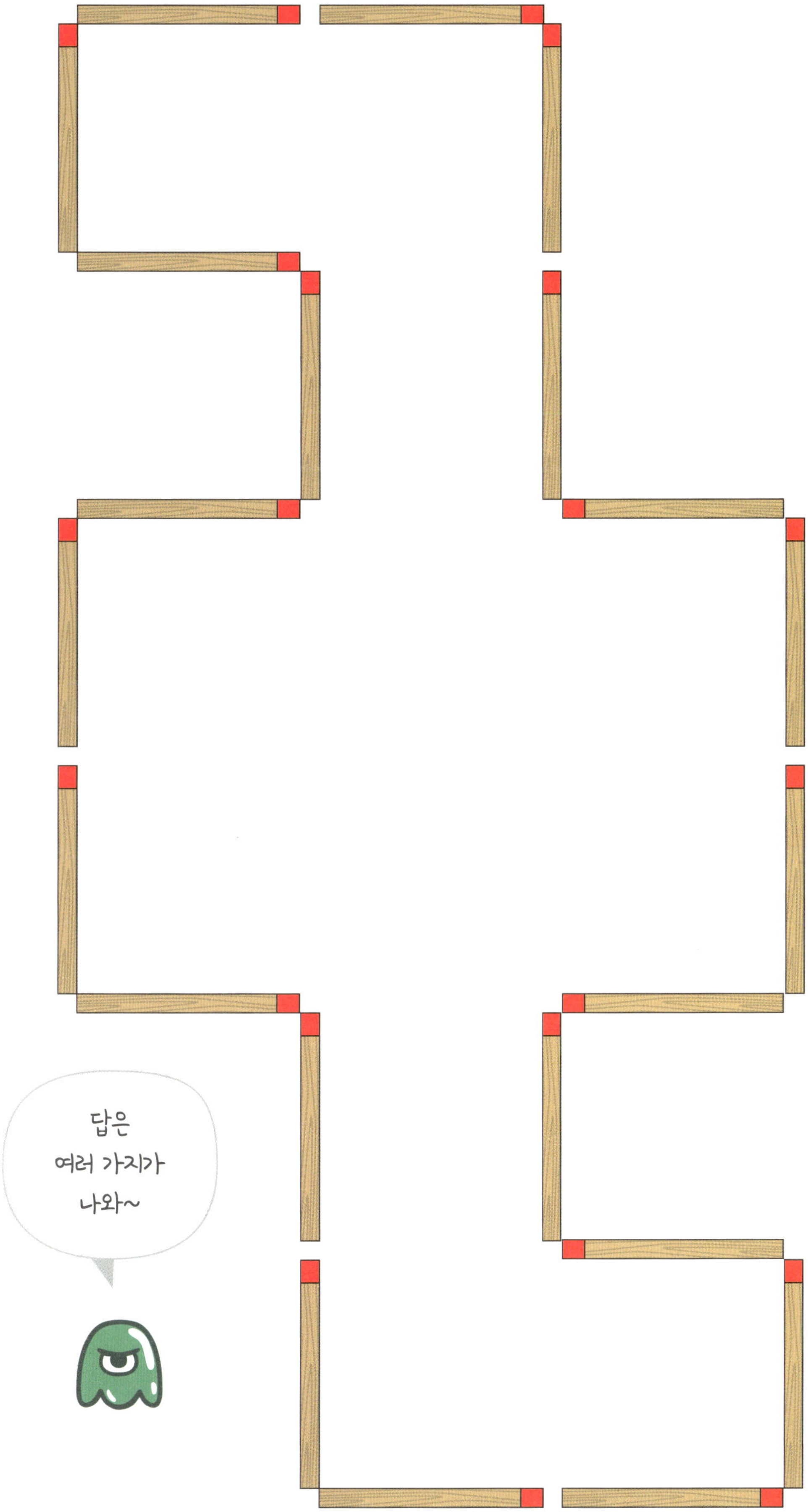

20. 도형 나누기 2

성냥개비 3개를 더해서 모양과 크기가 같은 2개의 도형으로 나누어 보세요.

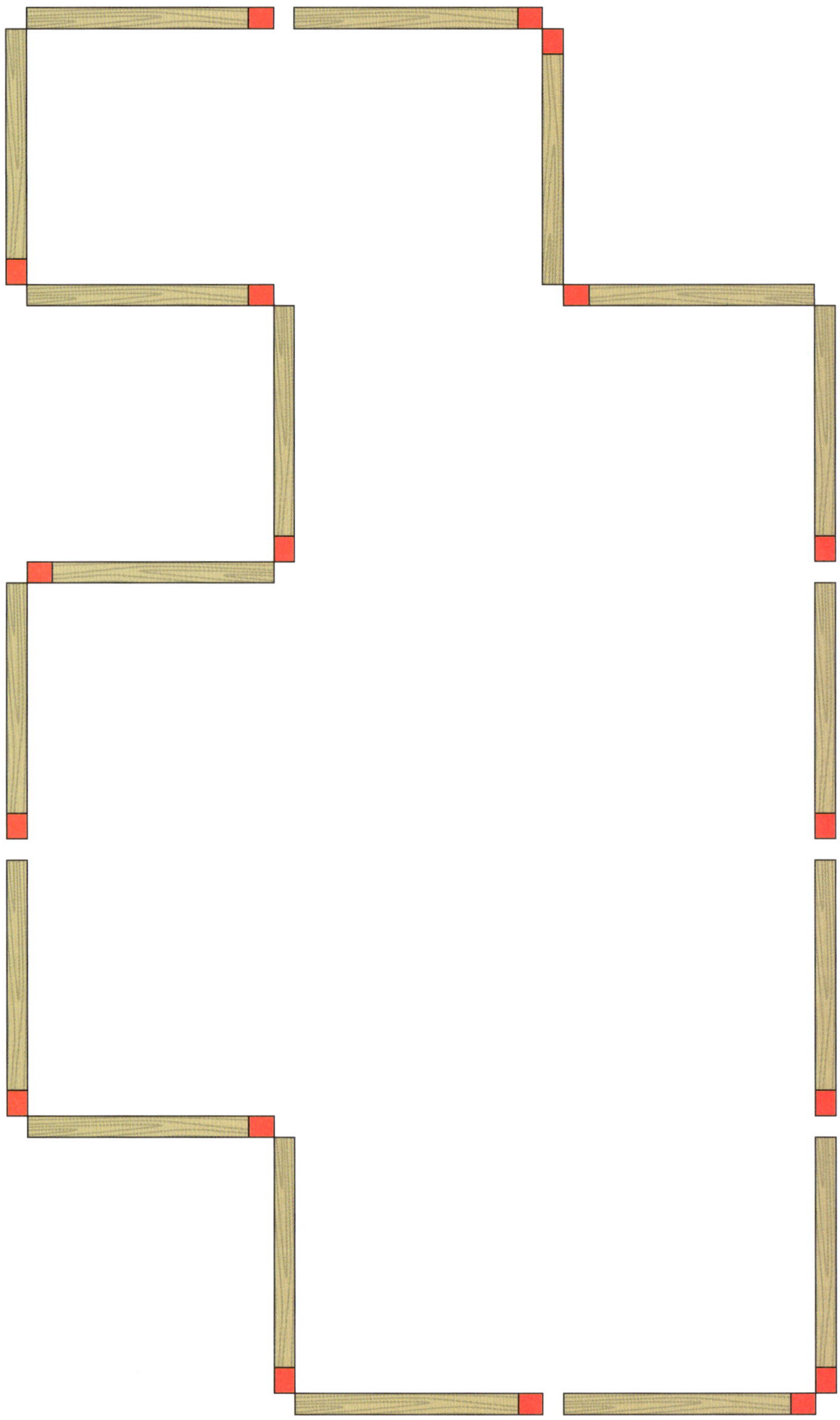

성냥개비 7개를 더해서 모양과 크기가 같은 3개의 도형으로 나누어 보세요.

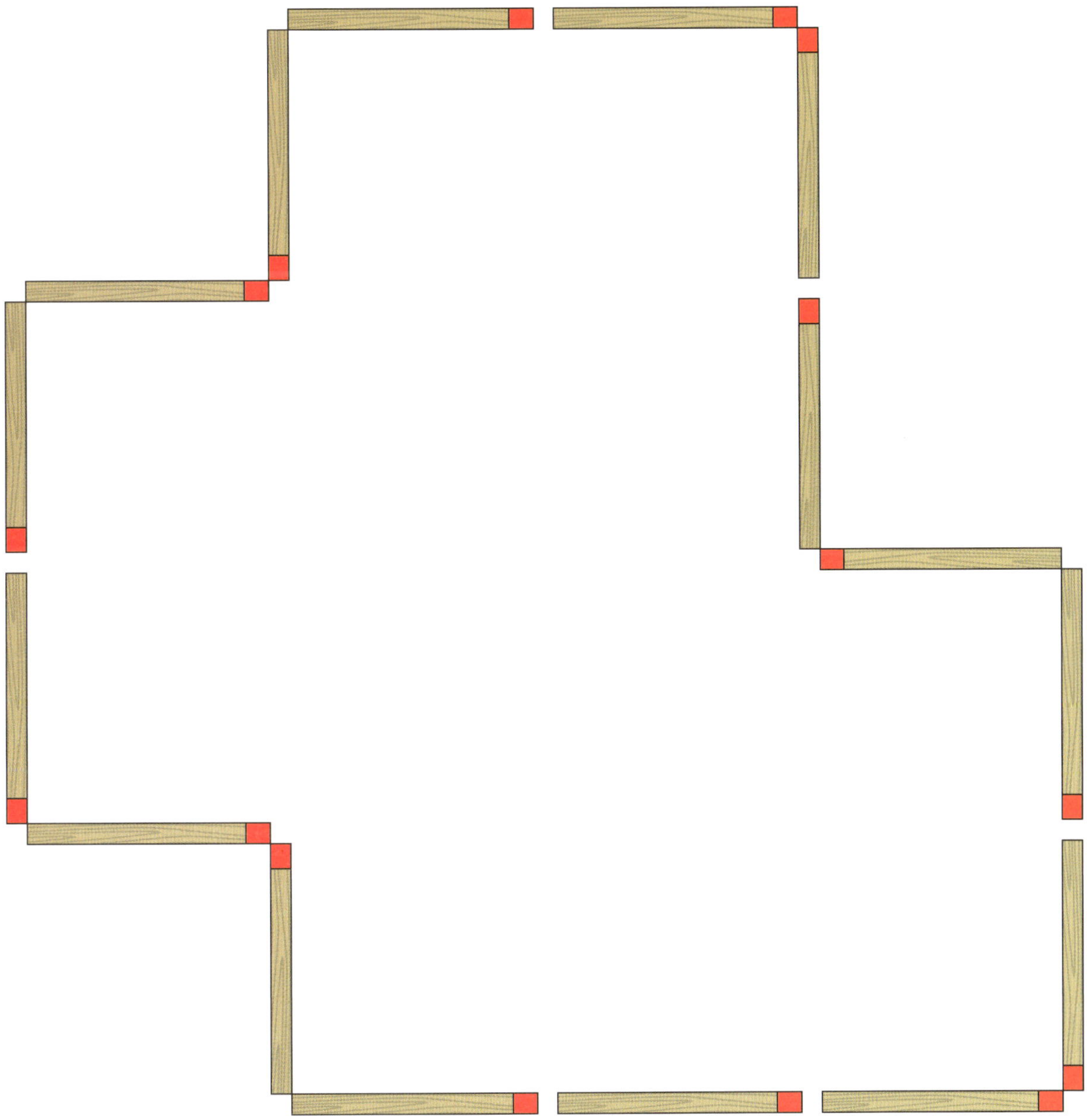

정답 제시된 방법 외에 다양한 답이 나올 수 있습니다.

p.6

1. 모양 만들기

도형

성냥개비로 다음 모양을 만들어 보세요.

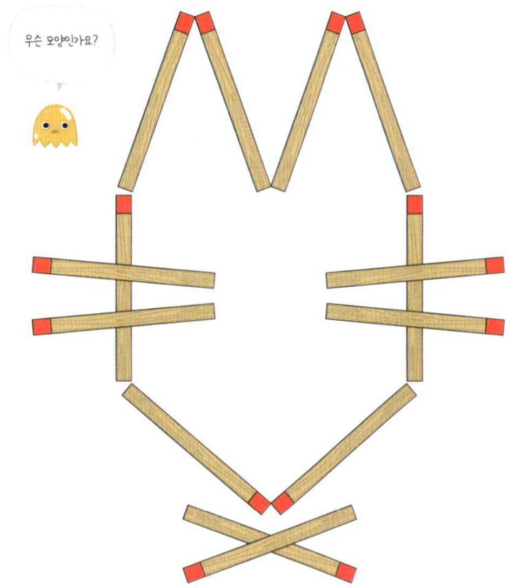

p.7

모양 만들기

성냥개비로 다음 모양을 만들어 보세요.

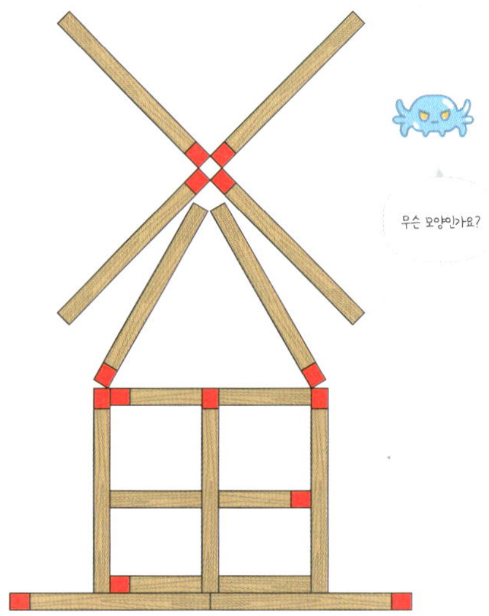

티칭 가이드 겹쳐놓은 부분에 유의하며 놓아봅니다.

p.8

2. 성냥개비로 만든 도형

도형

성냥개비로 다음 모양을 만들고, 이름을 약속합니다.

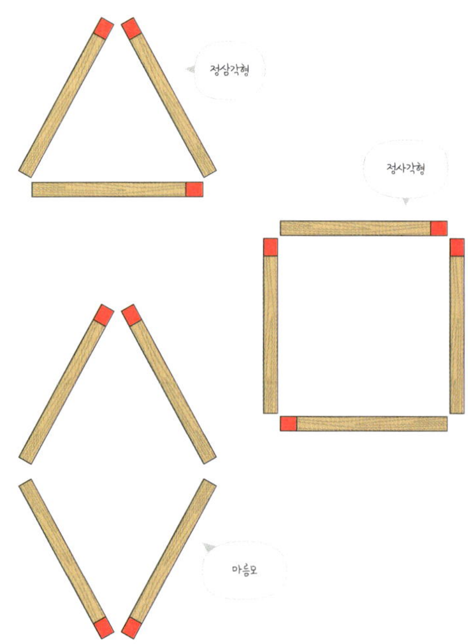

p.9

교구탐색

성냥개비로 다음 모양을 만들고, 이름을 약속합니다.

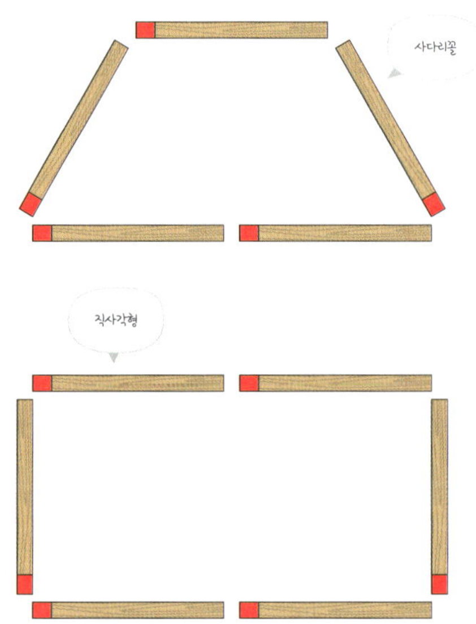

티칭 가이드 각 모양별 특징을 이야기해 보세요.

제시된 방법 외에 다양한 답이 나올 수 있습니다.

p.10

3. 방향 바꾸기

도형

성냥개비 1개를 움직여서 당나귀가 왼쪽을 보도록 만들어 보세요.
이때, 방향은 바뀌어도 원래 당나귀 모양은 유지되어야 합니다.

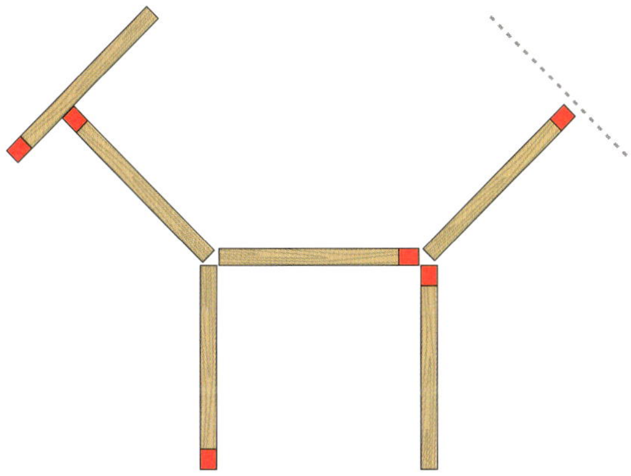

10 CHALLENGE STEP 2

p.11

방향 바꾸기

성냥개비 2개를 움직여서 방향을 바꾸어 보세요. 이때, 방향은 바뀌어도 원래 모양은 그대로 유지되어야 합니다.

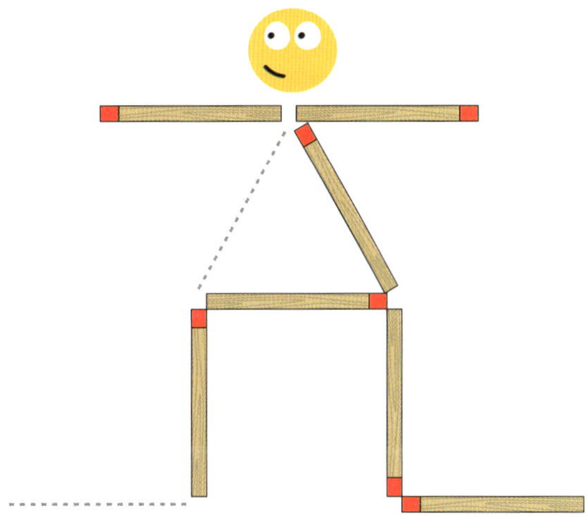

성냥개비 11

p.12

4. 디지털 숫자 익히기

수와 연산

디지털 숫자를 다음과 같이 약속합니다. 제시된 숫자를 디지털 숫자로 만들어 본 후, 그려보세요.

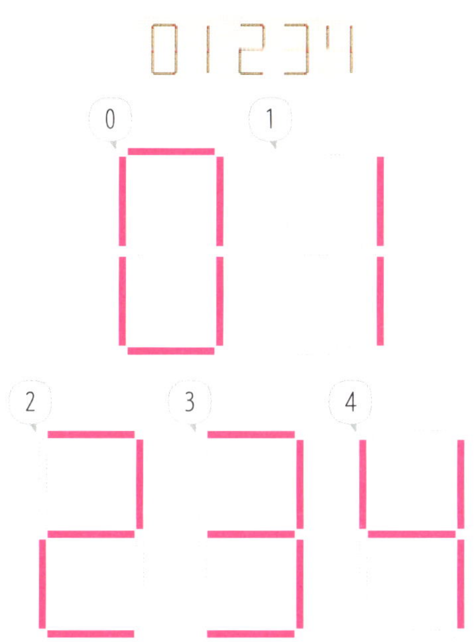

티칭 가이드 디지털 숫자는 시계, 엘리베이터, 전광판 등에 흔히 쓰이는 숫자 표현 방법입니다.

12 CHALLENGE STEP 2

p.13

디지털 숫자

디지털 숫자를 다음과 같이 약속합니다. 제시된 숫자를 디지털 숫자로 만들어 본 후, 그려보세요.

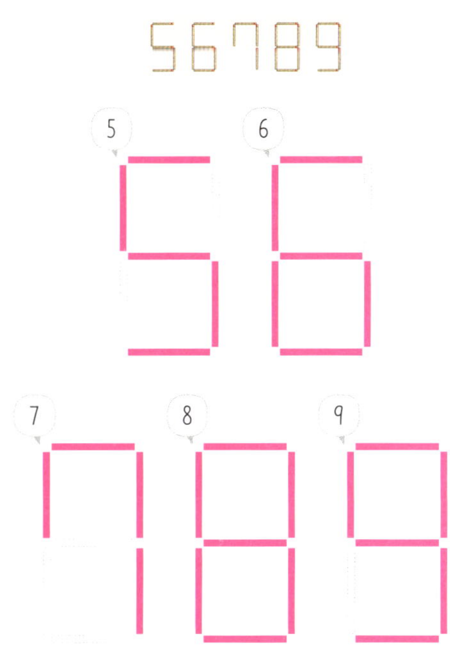

성냥개비 13

정답 제시된 방법 외에 다양한 답이 나올 수 있습니다.

p.14

5. 디지털 숫자 활동

수와 연산

성냥개비로 두 자리 수를 나타내었습니다. 주어진 물음에 답하세요.

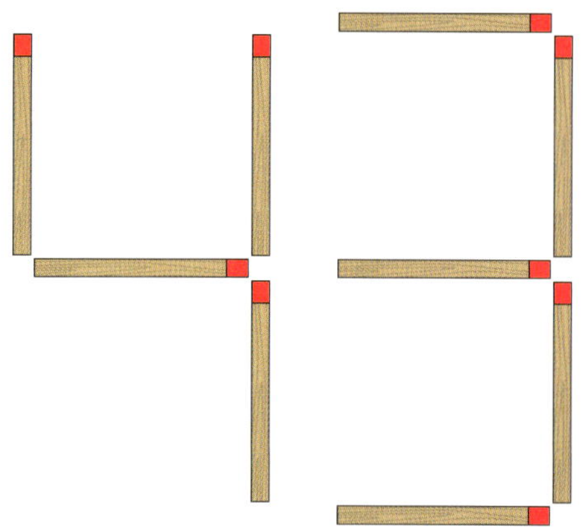

1) 성냥개비 1개를 움직여서 만들 수 있는 두 자리 수를 찾아보세요.

42, 45, 73

2) 성냥개비 2개를 더해서 만들 수 있는 두 자리 수를 찾아보세요.

48, 93

p.15

문제해결

성냥개비로 두 자리 수를 나타내었습니다. 주어진 물음에 답하세요.

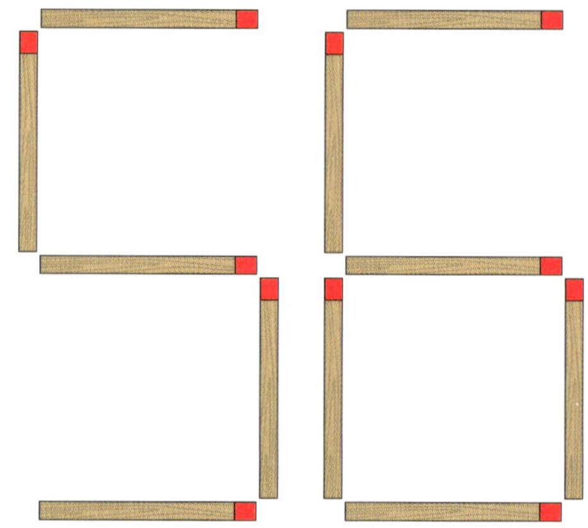

1) 성냥개비 1개를 움직여서 만들 수 없는 수를 모두 찾아보세요.

① 26 ② 36 ③ 50 ④ 59 ⑤ 95 ⑥ 96

(정답: ① 26, ⑥ 96)

2) 성냥개비 2개를 움직여서 만들 수 없는 수를 모두 찾아보세요.

① 26 ② 30 ③ 39 ④ 85 ⑤ 92 ⑥ 97

(정답: ④ 85, ⑥ 97)

p.16

6. 등식 만들기 1

수와 연산

성냥개비 1개를 움직여서 등식이 성립되도록 만들어 보세요.

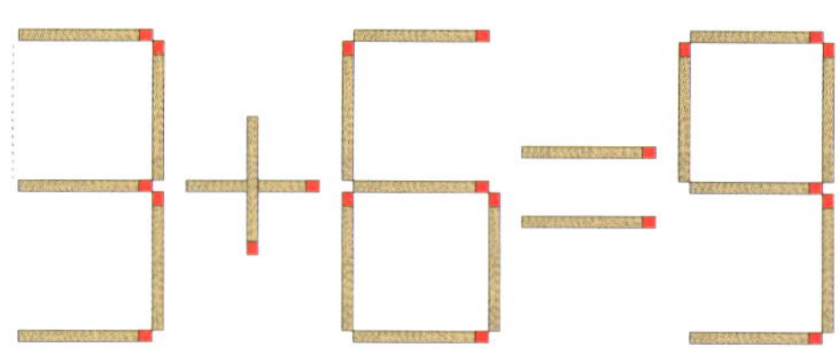

다양한 답이 나올 수 있어요.

성냥개비 1개를 움직여서 등식이 성립되도록 만들어 보세요.

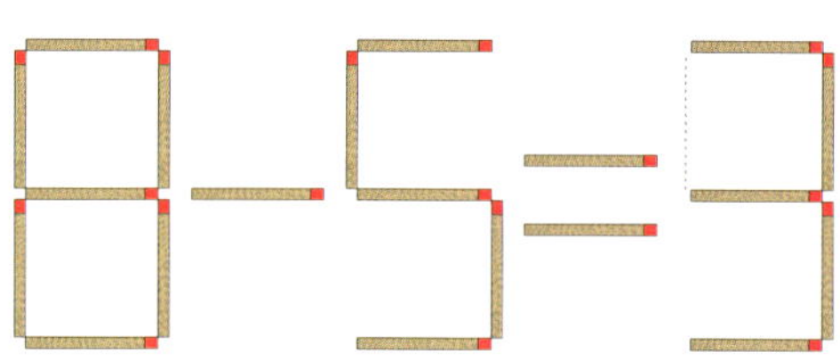

p.17

등식 만들기

성냥개비 1개를 움직여서 등식이 성립되도록 만들어 보세요.

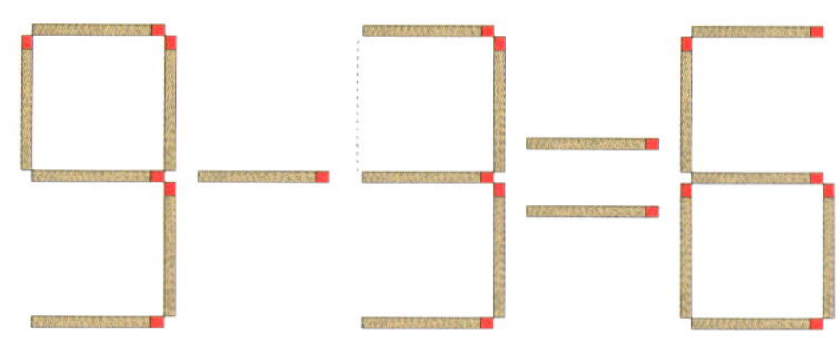

+, − 기호도 바꿀 수 있어!

성냥개비 4개를 빼서 등식이 성립되도록 만들어 보세요.

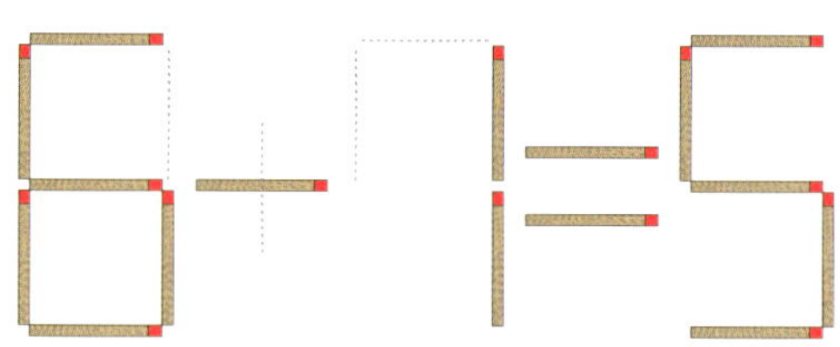

제시된 방법 외에 다양한 답이 나올 수 있습니다.

p.18

7. 크고 작은 사각형 1

도형

다음 모양에서 크고 작은 사각형을 구해보세요.

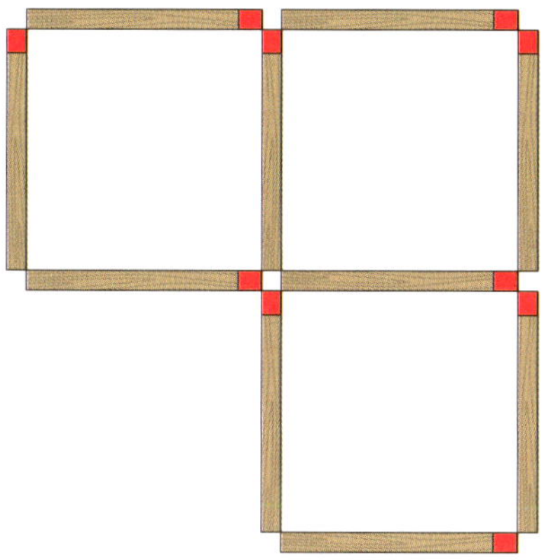

1)  는 몇 개인가요? 3개

2)  는 몇 개인가요? 2개

3) 크고 작은 사각형은 모두 몇 개인가요? 5개

p.19

크고 작은 도형

성냥개비 2개를 움직여서 크고 작은 사각형이 2개가 되도록 만들어 보세요.

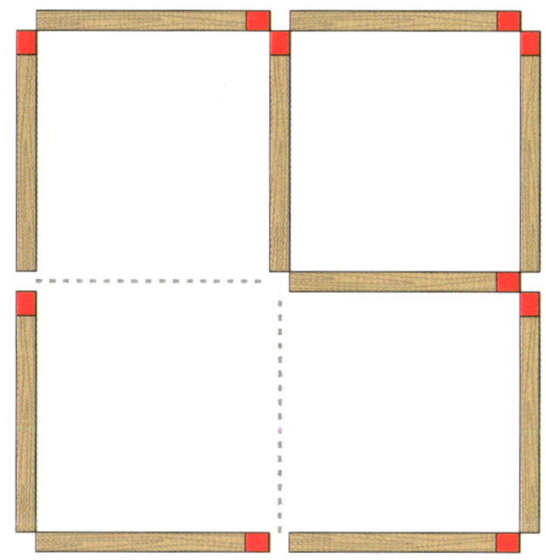

p.20

8. 크고 작은 사각형 2

도형

다음 모양에서 크고 작은 사각형을 구해보세요.

1) 는 몇 개인가요? 3개

2) 는 몇 개인가요? 1개

3) 크고 작은 사각형은 모두 몇 개인가요? 4개

p.21

문제해결

성냥개비 3개를 움직여서 크고 작은 사각형이 5개가 되도록 만들어 보세요.

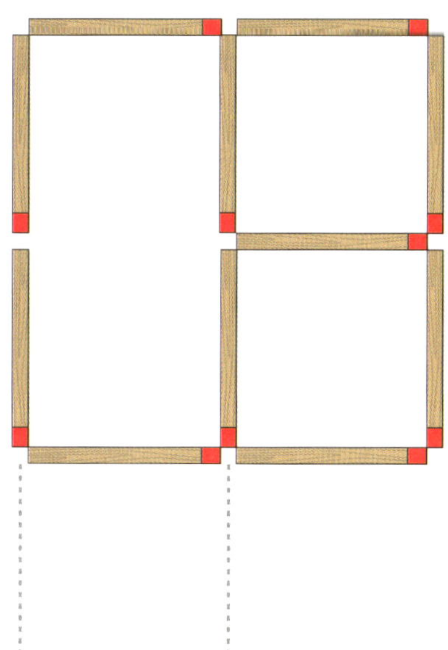

정답 제시된 방법 외에 다양한 답이 나올 수 있습니다.

p.22

9. 크고 작은 정삼각형 1

도형

다음 모양에서 크고 작은 정삼각형을 구해보세요.

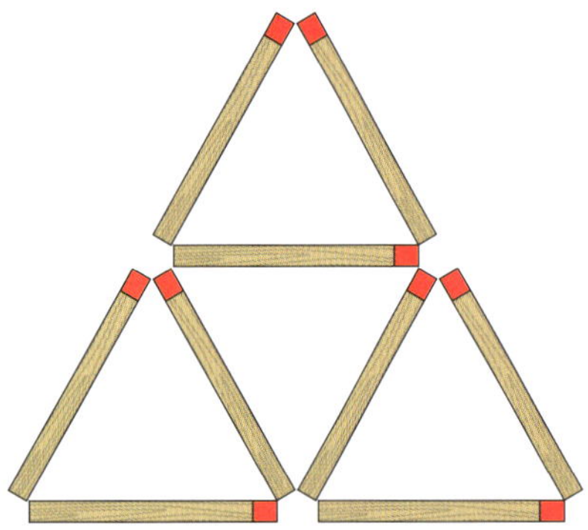

1)  는 몇 개인가요? 4개

2) 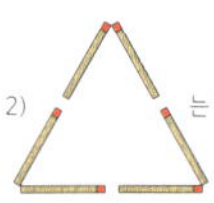 는 몇 개인가요? 1개

3) 크고 작은 정삼각형은 몇 개인가요? 5개

p.23

문제해결

성냥개비 2개를 움직여서 크고 작은 정삼각형 2개를 만들어 보세요.

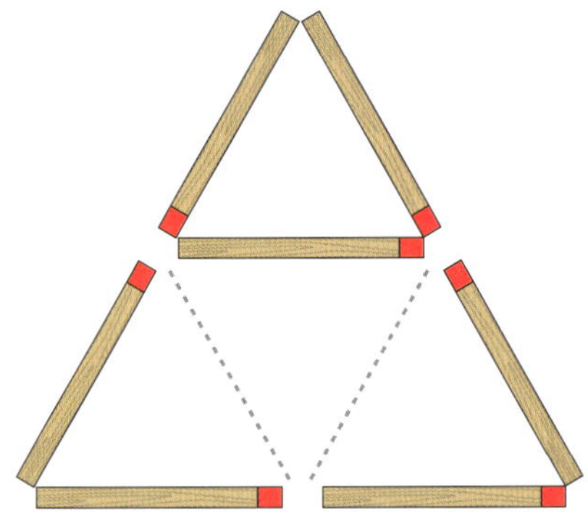

p.24

10. 크고 작은 정삼각형 2

도형

성냥개비 2개를 움직여서 크고 작은 정삼각형이 5개가 되도록 만들어 보세요.

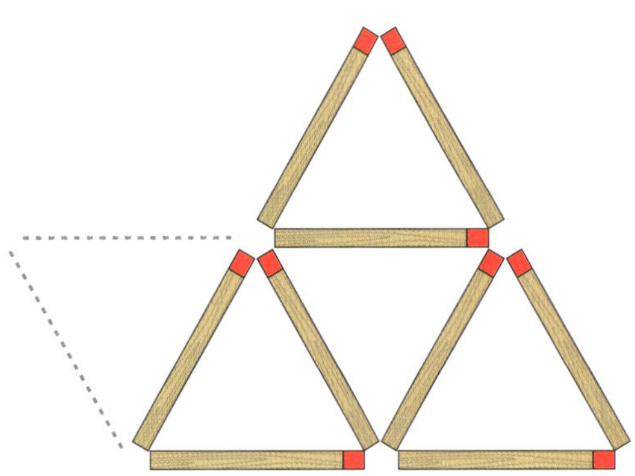

p.25

문제해결

성냥개비 4개를 빼서 크고 작은 정삼각형 4개를 만들어 보세요.

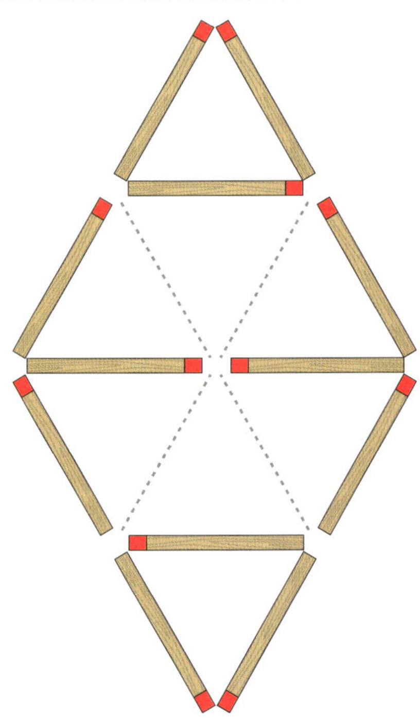

제시된 방법 외에 다양한 답이 나올 수 있습니다.

p.26

11. 크고 작은 정삼각형 3

도형

다음 모양에서 크고 작은 정삼각형을 구해보세요.

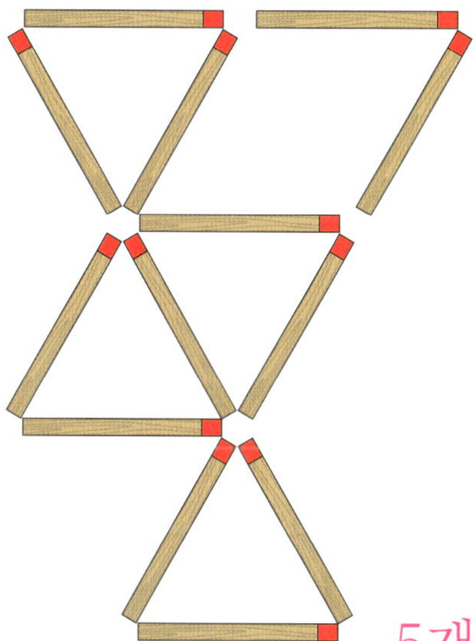

5개

26 CHALLENGE STEP 2

p.27

문제해결

성냥개비 2개를 움직여서 크고 작은 정삼각형이 4개가 되도록 만들어 보세요.

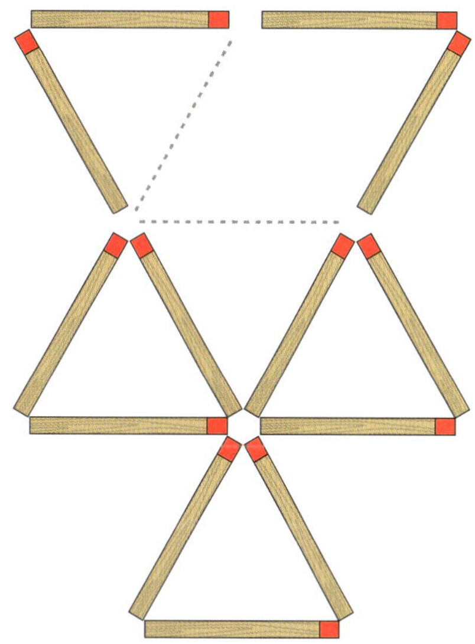

성냥개비 27

p.28

12. 마름모 만들기

도형

성냥개비 4개를 빼서 크고 작은 마름모 5개를 만들어 보세요.

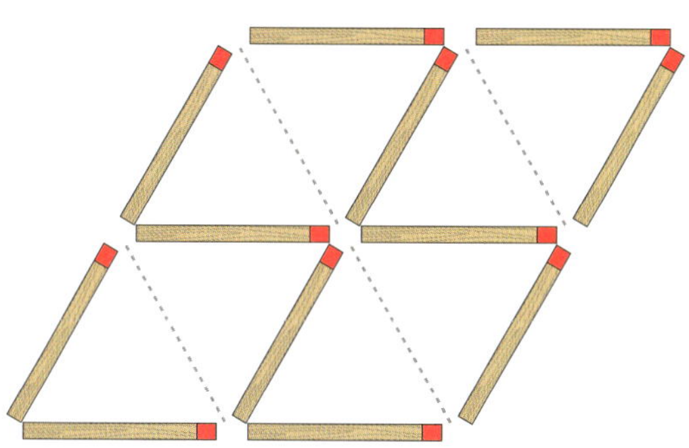

성냥개비를 빼기 전 크고 작은 마름모는 몇 개일까요?

9개

28 CHALLENGE STEP 2

p.29

마름모

성냥개비 6개를 빼서 크기가 같은 마름모 3개를 만들어 보세요.

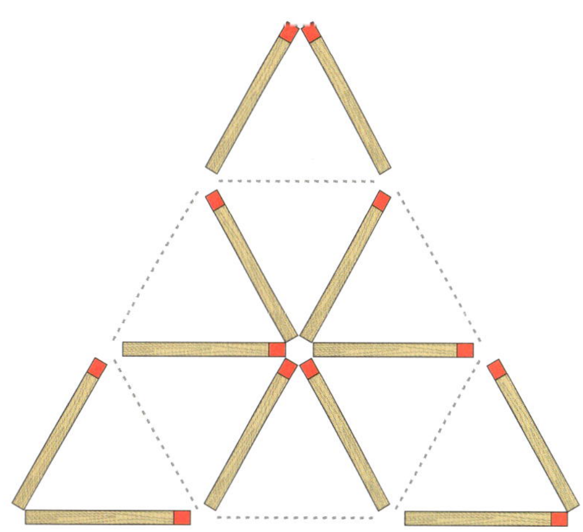

성냥개비 29

정답 제시된 방법 외에 다양한 답이 나올 수 있습니다.

p.30

13. 가장 큰 두 자리 수 만들기

수와 연산

성냥개비 1개를 움직여서 만들 수 있는 가장 큰 두 자리 수를 만들어 보세요.

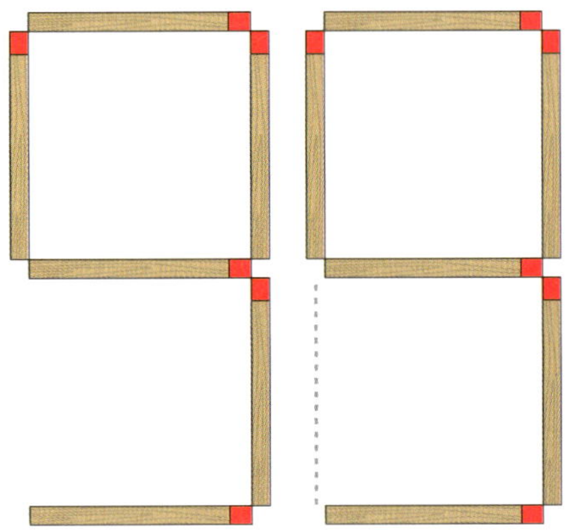

30 CHALLENGE STEP 2

p.31

두 자리 수

성냥개비 2개를 움직여서 만들 수 있는 가장 큰 두 자리 수를 만들어 보세요.

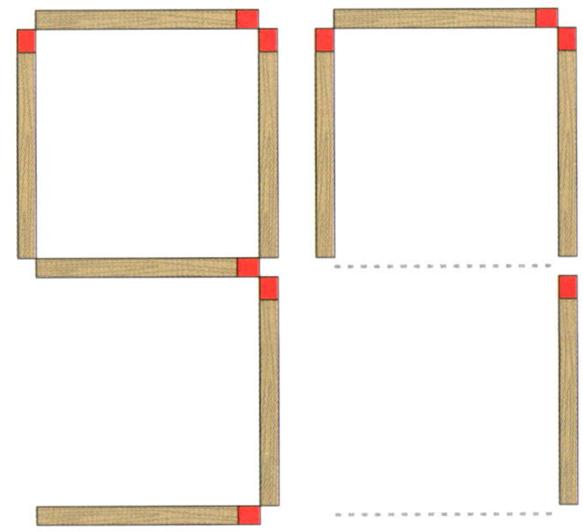

성냥개비 31

p.32

14. 등식 만들기 2

수와 연산

성냥개비 2개를 움직여서 등식이 성립되도록 만들어 보세요.

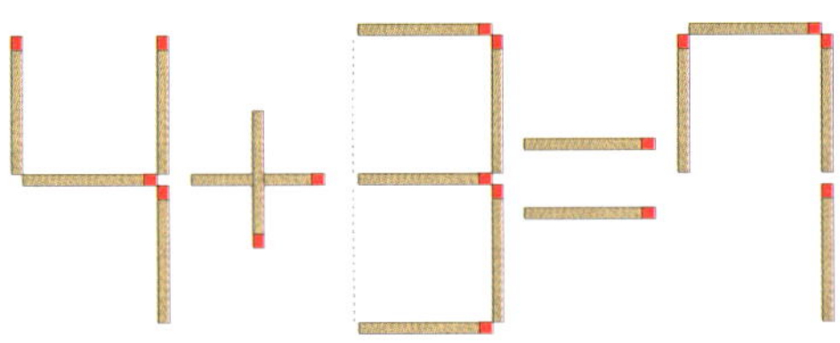

성냥개비 2개를 더해서 등식이 성립되도록 만들어 보세요.

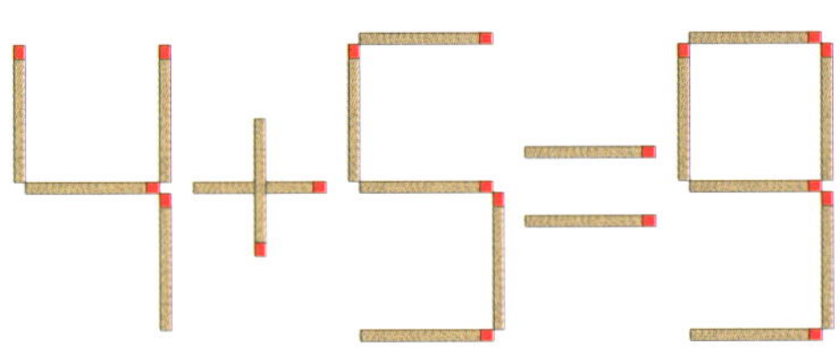

32 CHALLENGE STEP 2

p.33

문제해결

성냥개비 2개를 움직여서 등식이 성립되도록 만들어 보세요.

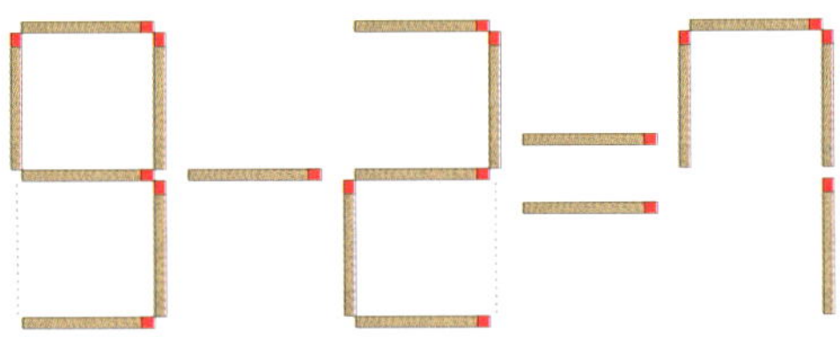

성냥개비 5개를 더해서 등식이 성립되도록 만들어 보세요.

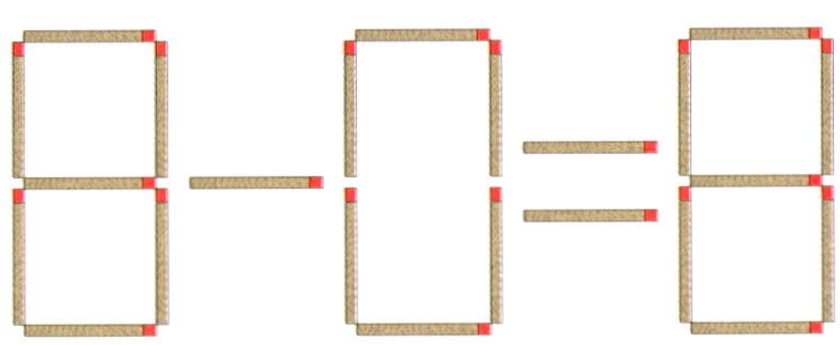

성냥개비 33

제시된 방법 외에 다양한 답이 나올 수 있습니다.

p.34

15. 사각형 만들기

도형

성냥개비 6개를 움직여서 다음 정사각형 7개를 만들어 보세요.

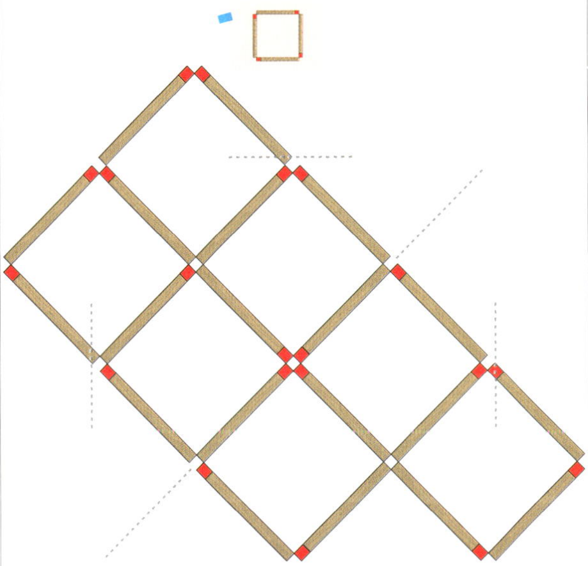

p.35

문제해결

성냥개비 6개를 더해서 다음 직사각형 4개를 만들어 보세요.

p.36

16. 별모양과 사다리꼴

도형

성냥개비 5개를 움직여서 별 모양을 만들어 보세요.

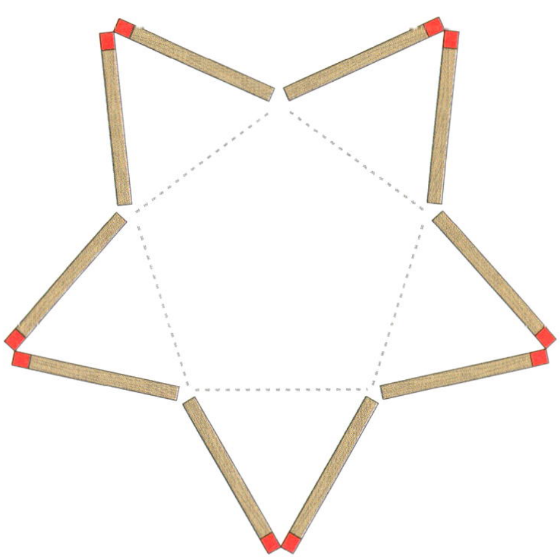

p.37

사다리꼴

삼각형 안에 성냥개비 3개를 더해서 크기가 같은 사다리꼴 3개가 되도록 만들어 보세요.

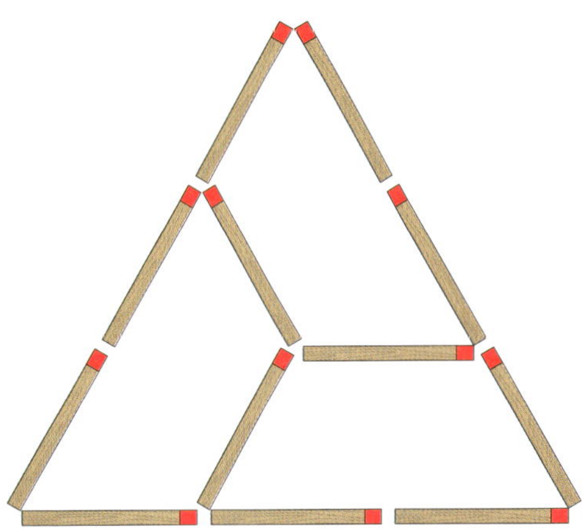

정답 제시된 방법 외에 다양한 답이 나올 수 있습니다.

p.38

17. 크고 작은 정사각형 1

도형

성냥개비 2개를 빼서 다음 정사각형 4개를 만들어 보세요.

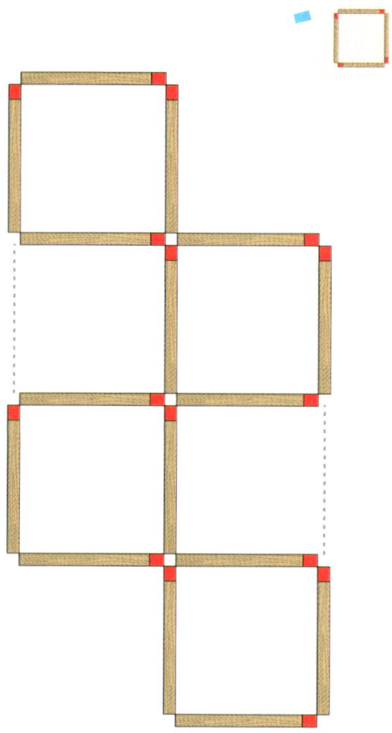

38 CHALLENGE STEP 2

p.39

문제해결

성냥개비 4개를 움직여서 크고 작은 정사각형 8개를 만들어 보세요.

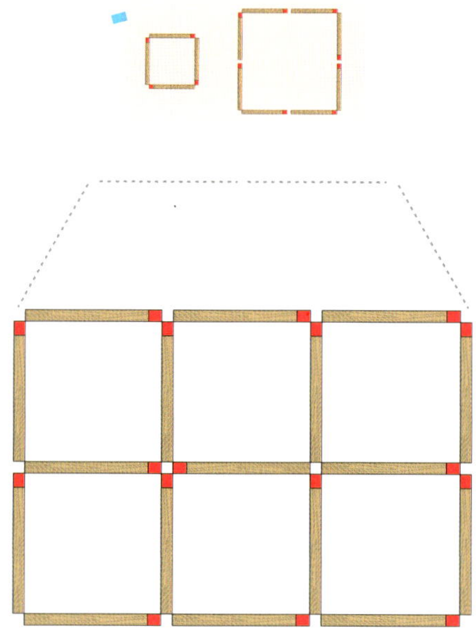

성냥개비 39

p.40

18. 크고 작은 정사각형 2

도형

성냥개비 4개를 움직여서 크고 작은 정사각형 6개를 만들어 보세요.

40 CHALLENGE STEP 2

p.41

문제해결

성냥개비 6개를 움직여서 크고 작은 정사각형 3개를 만들어 보세요.

성냥개비 41

제시된 방법 외에 다양한 답이 나올 수 있습니다.

p.42

19. 도형 나누기 1

도형

성냥개비 2개를 더하여 모양과 크기가 같은 2개의 도형으로 나누어 보세요.

모양과 크기가 같은 두 도형을 합동이라고 해~

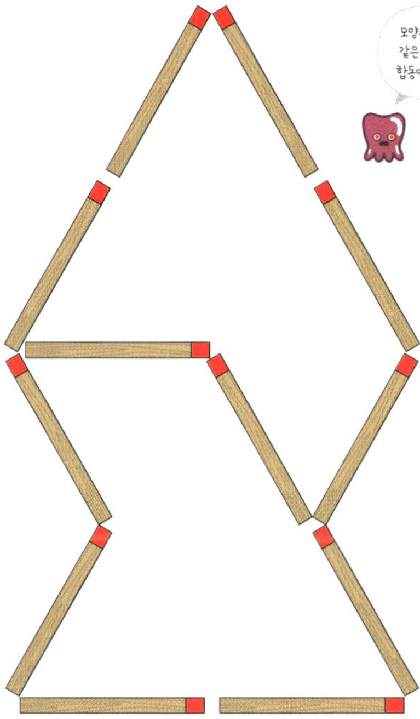

42 CHALLENGE STEP 2

p.43

합동 분할

성냥개비 3개를 더해서 모양과 크기가 같은 2개의 도형으로 나누어 보세요.

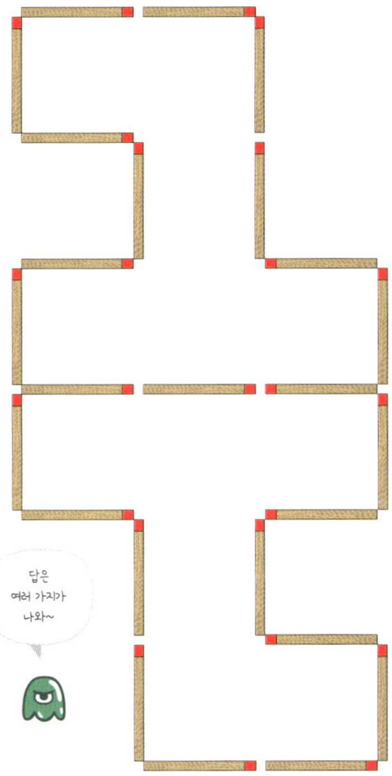

답은 여러 가지가 나와~

성냥개비 43

p.44

20. 도형 나누기 2

도형

성냥개비 3개를 더해서 모양과 크기가 같은 2개의 도형으로 나누어 보세요.

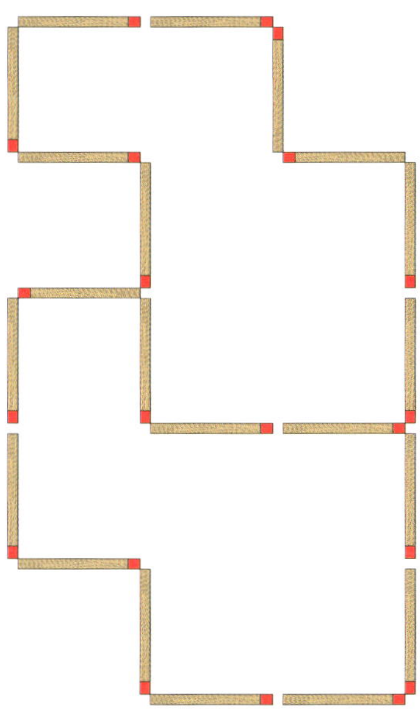

44 CHALLENGE STEP 2

p.45

합동 분할

성냥개비 7개를 더해서 모양과 크기가 같은 3개의 도형으로 나누어 보세요.

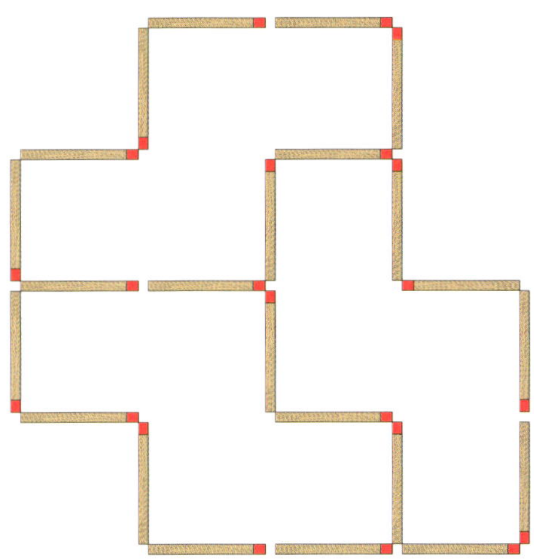

성냥개비 45

MEMO